Charlotte Hofmann-Hege
Mein Bruder Albrecht

W0095251

Charlotte Hofmann-Hege

Mein Bruder Albrecht

Am Trapez des Lebens

Eugen Salzer-Verlag Heilbronn

© Eugen Salzer-Verlag, Heilbronn 1997
Alle Rechte vorbehalten.
Titelbild: Mariä Kappel bei Crailsheim
Satz: Setzerei G. Müller, Heilbronn
Druck: Gutmann, Talheim
Printed in Germany · ISBN 3 7936 0352 0

Das technische und wissenschaftliche Können des heutigen Menschen hat sich vervielfacht. In der sittlichen Reife aber sind wir Menschen in Jahrtausenden kaum weitergekommen. Technisches Können rettet unsere Welt nicht. Was uns allein rettet, ist Gottes erbarmendes Wort. Es ist dieses Wort, das die müden Knie stärkt, den Hoffnungslosen aufrichtet, Erstorbenes zum Leben weckt. Gottes Wort erreicht sein Ziel. Das geschieht auf Wegen, die Gott allein bestimmt.

Albrecht Hege

Sie (die Theologen) bewahren die einzige Wahrheit, die tiefer reicht als die Wahrheit der Wissenschaft, auf der unser Atomzeitalter beruht. Und der Augenblick kommt immer unweigerlicher, wo man, wenn das Planen scheitert, nach dieser Wahrheit fragt und fragen wird.

Carl Friedrich v. Weizsäcker

Statt eines Vorwortes

Lieber Albrecht, lieber Bruder!

»Ach, ich war immer zu jung!« Dein wiederholter Stoßseufzer hatte im Lauf Deines Lebens sehr wohl seine Berechtigung. Aber »Jugend ist ein Fehler, der sich mit der Zeit von selbst gibt!« sagte der humorbegabte Bischof der Ev. Kirche von Württemberg, Martin Haug, damals im Jahr 1959, bei Deiner Einführung in das Amt des Prälaten von Heilbronn.

Nun, der Fehler hat sich in der Tat gegeben, denn Du vollendest jetzt Dein 80. Lebensjahr. Wie schnell die Zeit doch, bei aller Lebensfülle, vergangen ist!
War es nicht erst gestern, daß wir mit leichten Kinderfüßen an den heimatlichen Hohebucher Feldern entlangliefen, daß wir in unserem Park durch die Fenster des morschen Gartenhauses schlüpften und auf

den Frühlingswiesen nach Schlüsselblumen suchten? Die Bäume im Garten schienen zu fragen:

»Welche Wege ihr wohl gehen werdet, ihr fünf Hegeskinder? Noch springt ihr sorglos über Sträucher und Stoppeln.«

Es ist lange her. Die alten Eschen, Linden und Buchen stehen noch immer an ihrem Platz, in acht Jahrzehnten wohl ein wenig höher und breiter geworden. Der Flieder im Hausgarten blüht und duftet wie eh und je an Deinem Geburtstag. Er hat vielerlei Zeiten überdauert; er wird auch uns überdauern.

Welche Wege sind wir gegangen? Sehr verschiedene; besonders kurz und bitter waren sie für unsere beiden gefallenen Brüder Rolf und Joachim.

»Unser Leben fähret schnell dahin, als flögen wir davon...« Die jahrtausendalten Worte des Psalmisten sind uns an Deinem 80. Geburtstag sehr nahe. Wie schnell versinken Namen und Taten!

Da ich als Deine Schwester zu den Menschen gehöre, die Dich am längsten kennen, erlaube ich mir, Dir, stellvertretend für viele, an diesem Tag auf meine Art zu danken. Es wäre eine Unterlassungssünde, dies nicht zu tun. Wie oft hast Du bis heute bei Hochzeiten, Taufen, Bestattungen, Gottesdiensten, Festansprachen und vielen anderen Anlässen entscheidend geholfen und lebenswichtige Worte zu sagen gehabt! Nicht immer mögen sie Dir leicht gefallen sein. Wir haben es für selbstverständlich genommen, daß Du das konntest, etwa am Sarg der Mutter oder des Vaters. Immer hast Du von Dir persönlich etwas gegeben, obwohl es Dir in der Öffentlichkeit oft schwer gefallen ist, Dein Herz preiszugeben. Doch wie vieles wäre für immer ungesagt und ohne Wirkung geblieben, wenn Du Dich vorenthalten hättest.

Du wirst Dich auch jetzt nicht vorenthalten, wenn ich einen schlichten schriftlichen Rückblick auf Deinen Lebensgang wage. (Du selbst würdest es nämlich nicht tun.) Von Natur aus bescheiden, wäre es Dir am liebsten, wenn alles, was Dich persönlich betrifft, unbemerkt vorüberginge... Das darf nicht sein. Zwar stellt dieses Buch keine umfassende »Biographie« dar – jedes Leben hat seine Geheimnisse, die einem nur allein gehören –, aber die Empfehlung von Professor Karl Fezer, dem Ephorus Deiner »Stiftsjahre«, ist mir doch sehr gegenwärtig: »Lesen Sie Lebensbilder! Das Leben selbst ist spannender als der spannendste Roman!«

Jedes Leben ist etwas Besonderes, Einmaliges.

Natürlich bin ich »befangen«, aber das kann ich ertragen. Am liebsten wäre es mir, wenn Du selbst viel mehr zu Wort kämest, als es in diesem begrenzten Rahmen der Fall sein kann. Die Leitzordner mit Deinen Predigten, Artikeln und Vorträgen im Bücherregal Deines Schreibzimmers künden von unermüdlicher Arbeit. Manches ist, da es zeitbezogen war, heute nicht mehr »aktuell«, vieles läßt sich nicht aus dem Zusammenhang reißen, und Deine sonstigen Aktivitäten – Vorsitze, Amtshandlungen und vieles mehr – will ich nur streifen. Der ehemalige Oberbürgermeister Manfred Rommel hat einmal im Blick auf seine »Lorbeerkränze« scherzhaft gereimt:

Ein Drehkranz ist hier unverzichtbar,
nur so sind alle Titel sichtbar.

Es paßt nicht zu Dir, daß man viel von »Verdienst« und »Leistung« spricht. Wohl aber wäre ich glücklich, wenn etwas von dem aufleuchten könnte, was Dir in all Deinem Tun das Wichtigste war und ist: Daß die Sprache Gottes vom heutigen Menschen wieder geahnt wird und daß seine Seele den Ort erkennt, wo die Wahrheit lebt. Die Wahrheit und die Liebe. Ein Wort von Dir lautet:

Die Liebe ist es, die wertvoll macht, was wir denken und tun, ganz gleich, ob das, was durch uns geschieht, Schlagzeilen macht oder ob kaum jemand etwas davon bemerkt. Entscheidend ist, ob Liebe dabei ist. Warum die Liebe den Ausschlag gibt? Die Bibel sagt es ganz klar: sie sucht nicht das Ihre.

So wirst Du weiterhin versuchen, die Menschen in ihrem inneren Suchen nach dem Sinn des Lebens weiterzubringen. Deine Sprache wird ohne Effekthascherei sein, so daß Dich alle, die Einfachen und die Intellektuellen, verstehen können (wenn sie es wirklich wollen). Denn Du hast Dein Leben von jeher als eine Dir anvertraute Gabe verstanden.

Mir ist im Blick auf Dich das Wort des Kirchenvaters Augustin nahe:

»Der von Gott Geliebte wird jünger mit jedem Jahr. Er geht einer neuen Geburt zum ewigen Leben entgegen. Weigert euch nicht, eure Jugend in Christus wiederzugewinnen. Er sagt euch, daß die Welt vergeht und alt wird. Aber fürchtet euch nicht. Jugendfrisch werdet ihr durch ihn«.

Deine Schwester Charlotte

Januar 1997

Kindheit und Schulzeit

1917 – 1926

Zu dem, was für uns das Allerwichtigste ist, haben wir selber nicht das Geringste beigetragen: dazu, das wir überhaupt auf der Welt sind.

Albrecht Hege

Das Jahr 1917 schrieb Weltgeschichte. Europa hatte bereits drei Kriegswinter hinter sich, und der Kohlrübenwinter 1916/17 war der härteste gewesen. Des Deutschen Kaiserreiches uneingeschränkter U-Boot-Krieg gegen die Engländer rief die Amerikaner auf den Plan, und so wurde aus dem europäischen Krieg ein Weltkrieg. In Rußland bahnte sich unter Lenin die bolschewistische Revolution an. Trotz vieler Einzelsiege ahnten die Menschen in Deutschland, daß der sich hinziehende Krieg kein gutes Ende nehmen werde. Hunger, Elend und Niedergeschlagenheit prägten das heraufziehende Jahr.

Davon ahnte der kleine Albrecht Hege, der am 9. Mai 1917 in einer Karlsruher Klinik geboren wurde, freilich nichts. (Unsere Eltern bewirtschafteten über die Kriegsjahre das nahe der badischen Hauptstadt gelegene Hofgut Hohenwettersbach.)

Albrecht war das zweite Kind, für unsere Mutter wohl ein bißchen zu früh, denn Rolf, der Erstgeborene, war gerade anderthalb Jahre alt. Außerdem beabsichtigten meine Eltern eine neue Existenz zu gründen, was in jener Zeit besonders schwierig war.

Dennoch blühte auch damals der Flieder über dem Kinderbett im Garten. Das »Brüderle«, wie Albrecht genannt wurde, soll ein genügsames und ruhiges Kind gewesen sein, das zunächst nicht recht gedeihen wollte. In ihrer Not zog unsere Mutter eine erfahrene Nachbarin zu Rate. Diese betrachtete den winzigen Burschen, der mit großen, angstvoll fragenden Augen aus der Wiege schaute.

»Das Kind hungert«, sagte die Nachbarin nach kurzem Besinnen. »Können Sie nicht ausreichend stillen?«

»Aber er schreit gar nicht!« verteidigte sich die junge Mutter.

»Vielleicht hat er einmal geschrieen, und Sie haben es nicht beachtet. Nun spart er seine Kraft. Er ist ein kluges Kind. Vielleicht ist er überhaupt nicht mehr kräftig genug, um zu schreien.«

Unter vielen Selbstvorwürfen begann unsere Mutter, noch sorgfältiger auf ihren zarten Buben zu achten. Von da an entwickelte er sich besser, auch wenn er nie die kräftigere Statur des älteren Bruders erreichte.

Zwei Jahre später übernahmen unsere Eltern die Domäne Hohebuch bei Waldenburg in Nordwürttemberg. Es war ein harter Anfang; hinzu kam die Inflation.

Niemand mag ausreichend Zeit für den schüchternen und stillen Jungen gehabt haben. Die Arbeit schlug unserer Mutter oftmals über dem Kopf zusammen; denn bald nach dem Einzug in Hohebuch kam ich als drittes Kind dazu.

Nach dem heutigen Stand der Psychologie sind erste Lebenseindrücke prägend, und ganz gewiß mußte Albrecht sehr früh lernen, mit vielen Situationen allein fertig zu werden, weil keiner ihm aus seiner kindlichen Not heraushalf. Und ein Schreihals war Albrecht nie, seiner Anlage nach ist er ein Mensch der leisen Töne.

Man hat uns erzählt, die Mutter habe sich einer Verwandten gegenüber bekümmert geäußert, eigentlich müsse der Kleine längst sprechen, aber er mache gar keine Anstalten dazu. Da sei aus dem Laufstall ein Stimmchen gedrungen:
»Tann sprechen! Will nicht!«
Ob diese Begebenheit wahr ist, weiß ich nicht. Gut erfunden wäre sie jedenfalls, denn ein Schwätzer ist Albrecht nie geworden.

»Worte sind nur Worte«, sagt Matthias Claudius. *»Die Pferde, die den Wagen mit Gütern hinter sich haben, gehen langsameren Schrittes.«*

Zu meinen allerersten Erinnerungen gehört ein blasses Bild von Albrechts Taufe. Er war damals etwas über fünf Jahre alt und wurde zusammen mit dem vierten Kind, unserem Bruder Joachim, in der Wohnstube getauft. (Mein Vater hatte nämlich den heimlichen Wunsch unserer Mutter erfüllt, uns alle protestantisch taufen zu lassen. In seiner Glaubensgemeinschaft, bei den Mennoniten, war die Erwachsenentaufe üblich.) In meiner Erinnerung sehe ich noch die Sonne auf seinem hellblondem Haar; ich beneidete ihn um sein hübsches gesticktes Russenhemdchen, aber er verfolgte etwas ängstlich das seltsame Tun des Pfarrers. Verstanden hat er sicher nichts, aber daß jenes Zeichen des Wassers etwas Entscheidendes veranschaulichen wollte, ahnte er deutlich.

Der Aufbau des umfangreichen und etwas heruntergekommenen landwirtschaftlichen Betriebes mit schweren Böden und rauhem Klima bedeutete für unsere Eltern stetigen, unermüdlichen Einsatz. Wir Kinder liefen so nebenher und sind gewiß nicht an zu viel Erziehung zugrunde gegangen (frei nach Jean Paul). Im nachhinein ist mir klar, daß das Vorbild der Eltern wohl wichtiger war als alles, was sie uns durch Anweisungen oder Ermahnungen hätten vermitteln können. Mit wachen Kinderaugen beobachteten wir ihre tägliche Pflichterfüllung und ihr gegenseitiges Verständnis. Stets war ihr Verantwortungsbewußtsein spürbar, aber es wurden keine großen Worte darüber gemacht.

Das Frühstück für uns Kinder bestand aus einem Grießbrei, den die Anfängerinnen unter unseren Hauswirtschaftslehrlingen zu kochen hatten. Manche unter ihnen, wohl noch halb verschlafen, gestalteten ihre Produkte höchst abwechslungsreich: einmal war der Brei dünn wie eine Suppe, das andere Mal brachte man kaum den Löffel aus dem dicken Stampf, dann wieder waren Zucker und Salz verwechselt oder steckten Knollen darin. Nun, wir würgten diese Schöpfungen edelster Kochkunst tapfer hinunter, uns anderweitig schadlos haltend. Bloß unserem Brüderle wollte dies durchaus nicht gelingen. Ich sehe ihn heute noch vor mir, mit vollen Backen in dem schmalen Gesicht, in denen er seinen Brei versteckte, bis es ihm gelang, ihn hinunterzuschlucken.

Meine Brüder besassen ein kleines, vier-
rädriges Fahrzeug mit einem einzigen Sitz.
Sie nannten es »Holländer«. Durch mecha-
nisches Bewegen mit den Händen brachte
man eine flotte Fahrt zustande. Der
»Holländer« wurde von allen Geschwistern
heiß geliebt, und ständig entzündete sich ein
flammender Bruderstreit wegen ungeklärter
Besitz- und Benutzungsrechte.
»Wer darf jetzt fahren?« Merkwürdigerweise hatten alle Brüder stets zur gleichen
Zeit das Bedürfnis, sich mit dem »Holländer« sportlich zu betätigen. Albrecht jedoch
enthielt sich dieser Streitereien. Er hatte eine
bessere Idee, die er bei Bedarf auch verwirk-
lichte: früh morgens, wenn die anderen Brüder noch schliefen, schlich er sich aus dem
Bubenzimmer und fuhr vergnügt und sehr
zackig auf dem Hof umher. Er legte sich in
die Kurven, daß es eine Pracht war. Niemand störte ihn, keiner machte ihm den
Besitz streitig. Nach solchen Fahrten mit
reichlicher Bewegung in frischer Morgen-
luft rutschte dann auch der Grießbrei ein
bißchen besser.

Übrigens schenkt solch ein weiter, frei gelegener Hof mit seinen Tieren, Pflanzen und Maschinen fast unbegrenzte Möglichkeiten des Beobachtens und Lernens am Leben. In den Ställen gab es Pferde, Kühe, Ochsen und Schweine, die Glucke führte ihr Völklein aus, das Schwälblein speiste die Jungen. Felder, Wiesen und Wälder waren nah, wir nährten uns unredlich von den Früchten des Gartens mit Erdbeeren, Kirschen und Äpfeln, und im Herbst mit Zwetschgen und frischen Nüssen. Unsere Hausgemeinschaft umfaßte stets mindestens zwei Dutzend junger Leute: Lehrlinge, Gehilfen oder Praktikanten. Nie wieder hatten wir später solch tiefgreifende Gelegenheiten, Menschen wirklich kennenzulernen, denn sie zeigten sich uns Kindern gegenüber ganz ohne Verstellung.

Daß diese vielgestaltige, bunte Welt nicht ohne Einsatz zu haben war, erkannten wir bald. Es war selbstverständlich, daß wir zu allen Arbeiten, die für uns Kinder möglich waren, herangezogen wurden. Etwa zum Gänsehüten, zum Auflesen der Kartoffeln und Äpfel, zum Unkrauthacken, später vor allem zum Verziehen der Zucker- und Futterrüben, was wir als besonders anstrengend empfanden. Damals mußte diese Arbeit noch mit Hand geleistet werden. Endlos zogen sich in der heißen Frühsommersonne die Rübenzeilen vor uns hin.

Albrecht schreibt:

In der Zeit des Rübenverziehens muß ich immer wieder einmal an unseren alten Reinhardt denken. Er war Tagelöhner – so sagte man damals – auf unserem elterlichen Hof. Beim Dreschen hatte er seinen Arm verloren und war Invalide. Von seinem Wohnort bis zu uns mußte er morgens und abends immer einige Kilometer mit dem Rad fahren. Beim Vereinzeln der Zuckerrüben während der Heuferien hatte ich eines Tages die Reihe neben der seinen. Ich war noch ein kleiner Bub, kleiner als die anderen, und das Verziehen ging mir nicht leicht von der Hand. Immer blieb ich ein Stück weit hinter den anderen zurück. Es machte mich unruhig, daß ich nicht nachkam. Einmal, als ich das nächste Pflanzenbüschel vornehmen wollte, sah ich: die Arbeit war bereits getan, und das so weit, daß ich mühelos nach vorne aufschließen und den anderen nachkommen konnte. Wem ich das zu verdanken hatte, war mir klar: der alte Reinhardt hatte in meine Reihe herübergegriffen und auf dieser Strecke zusätzlich zu seiner Arbeit die meine getan. Er hat nicht zuerst an seinen eigenen alten und schmerzenden Rücken gedacht, nicht an meine zwei jungen gesunden Arme. Er hat nicht gedacht: Der ist das Söhnchen vom Chef, er wird einmal studieren dürfen! Soll er ruhig merken, wie hart es ist, wenn man sein Brot mit körperlicher Arbeit verdienen muß! Nein, er hat seine Überlegenheit nicht ausgespielt. Wortlos hat er meine Not gespürt und mir geholfen. Oft muß ich an die für mich unsichtbare helfende Hand denken. Der Invalide Reinhardt hat mich etwas ahnen lassen vom Geist einer Liebe, die nicht nur aus ihm selber kam.

Eine Kindernahrung besonderer Art erhielten wir von der alten Frau Schwenzer, die in größeren Zeitabständen zum Flicken unserer Bett- und Küchenwäsche zu uns reiste. Ihre Arbeitsleistung war sicher nicht mehr der Rede wert, aber sie sollte, so meinte unsere Mutter, bei uns eine Zeitlang wieder richtiges Essen bekommen und eine warme Stube haben. Darüber hinaus tat sie, ohne es zu wissen, uns Kindern einen unvergeßlichen Dienst. Sie konnte so wunderbar Märchen erzählen, wie ich das später bei niemandem mehr erlebt habe. Ich sehe uns, Albrecht und mich, noch mit unseren Schemeln vor ihrer Nähmaschine sitzen, ihr beim Einfädeln helfen und stundenlang ihren Märchen lauschen. Sie vermochte eine einzigartige Vorstellungskraft in uns zu entwickeln, und ihre Erzählungen in ihrer Lebensweisheit haben auch Albrecht ein Leben lang begleitet, etwa das Märchen vom »Hans im Glück, oder vom »Froschkönig«, und »Vom Fischer und seiner Frau«.

Schon mancher hätte sich die Enttäuschung seines Lebens erspart, wenn er das Märchen vom »Butt« im Gedächtnis behalten hätte. Der große Fisch war ein verwunschener Prinz, dem ein Fischer das Leben rettete. Die Fischersfrau bedrängte ihren Mann, sich einiges von dem Butt zu wünschen: zuerst ein Haus, dann ein Schloß, sodann ein König- und ein Kaiserreich. Schließlich schreckte sie ihren Mann mit dem Wunsch: »Ich will werden wie der liebe Gott!« – Als der Fischer zum Butt kam, sagte der: »Geh heim, sie sitzt wieder in ihrer Fischerkate.«

Als wäre es eigens unseretwegen erzählt, so gegen-
wartsnah ist dieses Märchen. Mehr und immer noch
mehr: immer breiter die Straßen, immer schneller
der Verkehr, immer leistungsfähiger die Chips,
immer komfortabler das Wohnen, immer an-
spruchsvoller die Wünsche – und immer weniger
zufrieden die Menschen. »Wer Gott nicht hat«, sagt
ein kluges Wort, »hat nie genug.« Wer für sich nur
das anstrebt, was man haben und besitzen kann,
wird eines Tages von allem entblößt sein. Das, wor-
auf es wirklich ankommt ist nach den Worten Jesu
(Lukas 12,21), daß wir reich sind in Gott.

Vom Vater hatte Albrecht den Sinn für Ordnung und Selbstdisziplin (bis haarscharf an
die Grenze der Pedanterie) geerbt. Mit
allem, was ihm gehörte, ging er sorgfältig
und sparsam um. Eines Tages schenkte ein
freundlicher Verwandter jedem von uns eine
Schokoladentafel, zur damaligen Zeit eine
unglaublich kostbare Gabe. Während wir
anderen Geschwister schon am nächsten Tag
alles verschmaust hatten, vermochte Albrecht seine Tafel für die ganze Woche einzu-
teilen und ließ am Sonntag die letzten
Stückchen genüßlich unter unseren lüster-

nen Blicken im Munde zergehen. Noch
heute bewundere ich ihn für solche Beherr-
schung, die mir nicht gelingen wird, solange
ich lebe.

Ein besonderer Einschnitt in unser Kinder-
dasein war der Schuleintritt unseres Ältesten, Rolf. Von nun an mußte er jeden Morgen mehrere Kilometer ins Bergstädtchen
Waldenburg hinaufsteigen. Rolf fand keinen
Gefallen an der Schule, ihm machte das
Leben mit Tieren und Pflanzen oder der
Umgang mit Menschen Freude. Lieber
bastelte und baute er, Lesen und Schreiben
fielen ihm nicht leicht. Verwundert be-
merkte die Mutter, wie Albrecht dem
Großen über die Schulter sah und Rolfs Le-
seübungen aus der Fibel meisterte. So beschlossen unsere Eltern, den Kleinen noch
vor seinem sechsten Geburtstag ebenfalls in
die Schule zu schicken.
»Ach, ich war immer zu jung!«

In den ersten Schulwochen mag Albrecht
dieses »zu jung« erstmals bewußt und recht
schmerzhaft empfunden haben, nicht nur

wegen des weiten, steilen Wegs mit höchstens drei Löffeln Grießbrei im Magen, sondern auch wegen der viel größeren Schulkameraden, gegen deren körperliche Robustheit er sich nicht wehren konnte. In einer Dorfschulklasse wirkt sich das Recht des Stärkeren meist sehr handgreiflich aus.

Ein langer Schulweg mit Regen und Kälte, Hitze und Gewitterschauern ist nicht nur anstrengend, er lehrt auch Zähigkeit und Durchhaltevermögen. In den Sommermonaten begann die Schule um sieben Uhr, Albrecht mußte sich spätestens um sechs Uhr auf den Weg machen und zügig marschieren. Wie gut, daß er – ein Erbteil seiner Mutter – Frühaufsteher war! Mit der Zeit überwog die Freude an solch einer frischen Morgenwanderung bei aufgehender Sonne in wundervoller Landschaft die Mühe. Schon Kinder sind dafür empfänglich. Sie beobachten die aufsteigenden Lerchen, die ziehenden Wolken, sie schauen, von der Höhe aus, auf das weite, gepflegte Hohenloher Land. Bei klarem Wetter grüßt der Odenwald mit seinem »Katzenbuckel« herüber.

An dunklen Wintermorgen richtete die Mutter uns Schülern ein Laternchen, das wir auf halber Höhe, wenn's allmählich heller wurde, bis zum Rückweg in einem Straßengraben versteckten. Bei härterem Frost waren kilometerlange Schlittenfahrten ins Tal hinunter möglich, sie gehören zu unseren schönsten Erinnerungen.

Ein guter Grundschullehrer weckte das Interesse der Kinder fürs Lesen und Schreiben, und im Religionsunterricht erfuhr Albrecht von den prägenden Männern der Bibel, die ihn ein Leben lang begleiten sollten: der alte Vater Abraham unterm weiten Sternenhimmel, der schlaue Jakob und sein Sohn Josef, der solch ein aufregendes Schicksal hatte, der jähzornige und gleichzeitig so gewaltige Moses, oder der Hirtenjunge David, der später ein berühmter König wurde. Es ist unschätzbar, wenn diese großen Gestalten der Menschheitsgeschichte von früher Kindheit an mitwachsen, so daß ihr Wahrheits- und Weisheitsgehalt im Gang der eigenen Lebensjahre reifen kann.

Albrecht schreibt später darüber:

Die Bibel ist ein Erzählbuch. Geschehenes kann man berichten, weitererzählen. Ob das aber auch für die Wahrheit gelten kann? Daß das sehr wohl möglich ist, dafür bürgt die Bibel. Wie einen Sprung aus dem Dunkeln ins Helle erlebt der Leser in den Erzählungen der Bibel die Wahrheit. Denn die Bibel fragt nach der Wahrheit anders, als wir es gewöhnlich tun. Wir fragen, was ist wahr? Die Bibel fragt: was wird wahr? Wo wir uns bemühen, der Wahrheit auf die Spur zu kommen, kommt in der Bibel die Wahrheit uns auf die Spur. Nicht wir sind die Erkennenden, wir werden erkannt. Nicht wir begegnen der Wahrheit, die Wahrheit begegnet uns.

Das geschieht mit so überzeugender Kraft, daß nach einer solchen Begegnung von Stund an nichts mehr ist, wie es bisher war. Das kann durch einen Ruf gekommen sein, der unvermittelt ergangen ist: so ist es dem Abraham widerfahren. Es kann ein Auftrag sein, so ist es bei Mose gewesen. Es kann ein Marschbefehl sein, so hat der Prophet Elia es erlebt ...

Verschieden wie die Orte sind auch die Themen bei diesen Begegnungen. Da geht es um schiere Verzweiflung und um erlösenden Zuspruch, um vergebliches Warten und um überwältigende Erfüllung, es geht um Trauer und Trost, um leere und

gefüllte Hände, um Kranksein und Gesundge-
wordensein, und das am ganzen Menschen, an
Leib, Seele und Geist...
Die Folgen solcher Begegnungen reichen weit...
Und wer aus dem Dunkel des Lebens in das helle,
warme Licht der göttlichen Wahrheit gesprungen
ist, dem geht die Sonne nicht unter...

Als Rolf seine Grundschulzeit abzuschließen begann, stellten unsere Eltern fest:
»Was der Große kann, schafft der Kleine mindestens genau so gut!«
Deshalb ließen sie ihn ein Jahr »überspringen« und meldeten ihn mit achteinhalb Jahren zusammen mit Rolf zur Aufnahmeprüfung in das Realgymnasium Schwäbisch Hall an. Vielleicht dachten sie bei der angespannten wirtschaftlichen Lage auch: In *einem* Aufwasch ist es nicht so teuer; denn Schwäbisch Hall lag außerhalb unserer Kreisgrenzen und erhob ein für damalige Verhältnisse recht hohes Schulgeld; Geschwister bekamen Ermäßigung.
Die Anforderungen der Aufnahmeprüfung an Württembergs Gymnasien waren für Dorfschulkinder nicht eben gering. Als nach

der schriftlichen Prüfung vormittags am Nachmittag noch »das Mündliche« zu bestehen war, bekam Albrecht mitgeteilt:

»Dein Aufsatz war sehr gut, Kleiner. Du brauchst nicht mehr zur Prüfung. Du kannst gehen!«

Gehen – aber wohin? Er war fremd in der ihn unheimlich groß dünkenden Stadt. Zunächst lief er die paar Schritte vom Alten Gymnasium zum Marktplatz hinab. Beängstigend wuchtig ragte St. Michael über den mächtigen Freitreppenstufen in den Himmel. Wie gut, daß Albrecht damals nicht wußte, wie oft er Jahrzehnte später auf der Kanzel dieser Kirche zu vielen Menschen reden sollte! Ernst blickten die Patrizierhäuser und der Barockbau des Rathauses auf den verzweifelten Buben herab. Später beschreibt er den Marktplatz so:

Die alte freie Reichsstadt Schwäbisch Hall ist am Ende des Zweiten Weltkrieges von der Zerstörung kaum betroffen worden. So hat sich das imponierende Bild der aufsteigenden Innenstadt erhalten, überragt von der hochliegenden Kirche St. Michael und dem »Neubau«, (der ein sehr alter Bau ist). Es gibt ein solches Stadtbild kein zweitesmal auf der Welt.

Trotz aller ehrfurchtgebietenden Schönheit
– kleiner Mann, was nun? Eigentlich weiß
man in diesem Alter nur eines: man muß zur
Mutter. Sie hatte gesagt, sie mache am Nachmittag bei der ihr befreundeten Familie
Franck auf der Oberlimpurg, in der Nähe
der Comburg, einen Besuch. Wie weit
mochte es bis dorthin sein? Autos oder Busse
gab es damals kaum. Auch wenn man ein
schüchternes Kind war – man mußte sich
den Weg erfragen und ihn tapfer unter die
Füße nehmen. Die Mutter war bestürzt, als
ihr Prüfling, völlig erschöpft, schließlich bei
ihr auf der Oberlimpurg ankam.
Und der ältere Bruder Rolf? Er hat wohl die
schulische Überlegenheit des Jüngeren neid-
los anerkannt. Doch wie schwer mag es
trotzdem für ihn gewesen sein, zu spüren,
daß er bei allem Fleiß nie so gut sein würde
wie sein Bruder. Daher kam es wohl auch,
daß er mit seinem Selbstwertgefühl zu rin-
gen hatte. Wieviel Kraft mußte er einsetzen,
bis er sein Schulziel erreichte! Und zwanzig
Jahre später hat ein einziger Schuß aus dem
Gewehr eines leichtsinnigen Jugoslawen
genügt, um alle Mühe zunichte zu machen.

Im Gymnasium

1926 – 1935

Wahre Stärke beweist sich nicht darin, daß man mit seiner Stärke prahlt. Wahre Stärke beweist sich darin, daß sie Rücksicht nimmt auf das Gewissen des schwächeren Bruders.

Albrecht Hege

Die Schuljahre begannen damals noch nach den Osterferien, und so hatten wir jüngeren Geschwister denn im Frühjahr 1926 zwei große Brüder, die bunte Gymnasiastenmützen trugen, täglich mit der Eisenbahn nach Schwäbisch Hall fuhren und Latein lernten. Sie sagten jetzt »Sororle« zu mir (soror = Schwester), und wir durften von nun an nicht mehr »Bubele« und »Brüderle« sagen. Sie hatten inzwischen eine neue Würde und wollten bei ihrem richtigen Namen genannt werden. Unter der Woche hatten sie keine Zeit mehr für uns, denn die Zugverbindun-

gen waren schlecht, und beide Brüder mußten stets bis zum Spätnachmittag in Schwäbisch Hall bleiben.

Da besonders Albrecht ein zartes Kind war,
suchten die Eltern dort nach einem Mittagstisch. Bei den Geschwistern Löhrl in der
Unterlimpurger Straße fand sich das Richtige, und ich möchte ihnen einige Worte des
Gedenkens widmen. Auch ich habe später
dort gegessen.

Die Geschwister Löhrl – ein Bruder und
zwei Schwestern – waren früh verwaiste, ge-
bildete, aber durch die Inflation völlig ver-
armte Arztkinder. Der nervenkranke Bruder
war pflegebedürftig, die beiden Frauen in
fortgeschrittenem Alter hatten als »höhere
Töchter« nie eine Berufsausbildung gehabt
und waren – weder mit materiellen Gütern
noch mit Schönheit gesegnet – auch nicht
zum Heiraten gekommen. Ihre geringe
Rente besserten sie mit einem Mittagstisch
für auswärtige Schüler auf. Viel verdient
haben sie dabei sicher nicht. Das einfache
Essen aus den Früchten ihres Gartens ko-
stete 60 Pfennig, und wir durften uns nehmen, so viel wir wollten. Dennoch genierte

sich Fräulein Helene immer, wenn sie uns die monatliche Rechnung geben mußte. Darüber hinaus schenkten die beiden selbst-losen, rührenden Schwestern uns »Auswärti-gen« ein Stück Heimat. Wir konnten mit jedem Kummer zu ihnen kommen, und ihre bei eigenen Kindern nicht entfaltete Mütter-lichkeit kam uns reichlich zugute. Längst sind die Gräber der drei Geschwister über-wachsen, aber unser Herz wird warm, wenn wir an die liebevolle Zuwendung dieser Menschen denken, welche wir ihnen in un-serer jugendlichen Gedankenlosigkeit nie wirklich dankten. Sie haben in einem gewis-sen Sinn Engelsdienste an uns getan. *»Oft sind sie alt und häßlich und klein, die Engel...«* *(R.O. Wiemer).*

Wenngleich nicht in diesem Zusammen-hang, so doch für solche Menschen passend, hat Albrecht einmal nachdenkenswerte Worte über »Engel« gesagt:

Wie ist das mit den Engeln? Wie ist das in der Zeit der Motoren und Computer, der Mikroprozessoren, der Rettungsdienste und der Versicherungen gegen jede Gefahr? Haben Sie schon einmal einen Engel gesehen? Nein, natürlich nicht. Für viele ist die Frage damit schon erledigt.

Könnte es aber nicht sein, daß auch für die Engel zutrifft, was Dag Hammarskjöld sagte: »Gott stirbt nicht an dem Tag, an dem wir nicht länger an eine persönliche Gottheit glauben. Aber wir sterben an dem Tag, an dem das Leben für uns nicht länger von dem stets wiederkehrenden Glanz des Wunders durchstrahlt wird, vom Lichtquell jenseits aller Vernunft.«

Wer hat je ein Atom gesehen? Und doch ist das Atom voll von unvorstellbarer Kraft. Wenn es uns heute deutlich bewußt ist, daß es – etwa in der Entwicklung durch Physik und Chemie – unsichtbare, bedrohende Mächte gibt, ist es da so unsinnig, daran festzuhalten, daß es auch bewahrende Kräfte geben kann, die Engelsdienste an uns tun, auch wenn wir sie nicht sehen?

Obwohl Albrecht keineswegs unpraktisch war, zeigte sich doch früh, daß seine eigentliche Begabung mehr in die geisteswissenschaftliche Richtung wies. So wurde der Zwölfeinhalbjährige, in Absprache mit unserem Ortspfarrer Borst, zum sogenannten »Landexamen« vorbereitet.

Das Landexamen war eine württembergische Besonderheit. Unter Herzog Christoph von Württemberg wurden um 1559 die Klöster Maulbronn, Blaubeuren, Schöntal und Urach protestantisch und als humanistische Klosterschulen eingerichtet. Für begabte Jungen, vor allem aus abgelegeneren Dörfern, war das Landexamen eine einmalige Gelegenheit, kostenlos noch vier Jahre lang eine hervorragende Ausbildung zu erhalten. Es war »erwünscht, aber nicht Bedingung«, danach im Tübinger Stift das Studium der Theologie zu ergreifen. Aus diesem Grund wurde die reiche Sprache des Hebräischen als Pflichtfach gelehrt.

Wer zählt euch, ihr Seufzer, die während vier Jahrhunderten alljährlich im Zusammenhang mit dem Landexamen gen Himmel stiegen! Stets gab es mehr Bewerber, als Plätze vorhanden waren, und so konnte die Auslese entsprechend streng gestaltet werden. Sogar Griechisch wurde geprüft.

Für uns (inzwischen fünf) Geschwister war es ein seltsamer und denkwürdiger Tag, als Albrecht, soeben konfirmiert, im März 1930 mit unserer Mutter zum Landexamen fuhr. Wenn er bestand, bedeutete dies, daß er den Familienkreis verlassen mußte. Zugleich würden die Tore der Kindheit für immer hinter ihm zufallen. Rolf, der Älteste, versuchte, uns Jüngere an dem etwas öden Tag ohne Mutter und Bruder zu trösten.

»Wenn Albrecht das Examen besteht, kann er sogar einmal Prälat werden.«

Wir wußten nicht, was ein Prälat sei, wir dachten lediglich an jemand Weißhaariges, unendlich Würdevolles, der in einer wundervollen Kirche auf eine vergoldete Kanzel stieg und sagte: »In dem Herrn Geliebte!«

Rolf, der unseren kindlichen Bildungshorizont erweitern wollte, sagte:

»In Norddeutschland sagt man dazu Generalsuperintendent! Das klingt gut, nicht?«

Was ein General war, wußten wir und dachten an den greisen Reichspräsidenten Hindenburg, der auf jeder Briefmarke prangte. Unser Brüderle ein General mit Schnauzbart und Säbel? Das war eine schreckliche Vorstellung. Man muß beten, daß er durchfällt, dachte ich. Da ich aber nicht betete, fand er durch das Nadelöhr des Examens hindurch und bezog vierzehnjährig das gut erhaltene und gepflegte Zisterzienserkloster Maulbronn, das inzwischen zum UNESCO-Kulturerbe gehört.

Damals, im Jahr 1931, war es für alle neu Eintretenden ein unvergeßlicher Tag, als sie sich nach dem Abschied von ihren Müttern einem völlig ungewohnten, neuartigen Leben gegenübersahen. Ohne Übergang begann der zuchtvolle Internatsalltag. Gelobt sei, was hart macht! Die Spinde mußten eingeräumt, die Plätze im Sechzehn-Mann-Schlafsaal und im Arbeitszimmer »Hellas« bezogen werden. Hermann Hesse, der selbst einmal Seminarist im Kloster Maulbronn war, schreibt:

Ein feinerer Beobachter konnte wohl erkennen, daß das zage Häuflein keine schlechte Auswahl der männlichen Jugend des Landes vorstellte. Vielleicht war der eine oder andere von jenen schlauen Schwabenschädeln darunter, welche sich im Lauf der Zeiten mitten in die große Welt gedrängt haben.

Ob es ohne Heimweh abgegangen ist? Gewiß nicht. Hin und wieder mag Albrecht vor dem berühmten Dreischalenbrunnen im Kreuzgang des Klosters gestanden sein und im unablässigen Fließen des Wassers sein eigenes Weh hinweggeschwemmt haben. *Und jede nimmt und gibt zugleich – und strömt und ruht.* O ja, man konnte über die äußere und innere Ordnung von diesem Schalenbrunnen in seinem Empfangen und Weiterreichen manches erfahren!

Das Erlernen eines Musikinstrumentes war Pflicht in Maulbronn. Albrecht hatte die begrenzte Musikalität der Mutter geerbt; sie sang beim sonntäglichen Choral manchmal so ergreifend »daneben«, daß unser Vater jedesmal mit einem feinen Lächeln vom Klavier zu ihr aufsah. So war Albrechts musikalische Anlage zu Hause überhaupt nicht entwickelt worden.

»Man hat's, oder man hat's nicht!« behauptete unser hochmusikalischer Vater. Damit hatte er aber keineswegs recht.

Albrecht tat sich zunächst schwer mit dem Klavierspiel; sein Gehör war ungeschult.

Wie spielend schafften das die anderen! Aber mit Willenskraft und Ausdauer gelang es ihm schließlich, sogar Choräle zu spielen, und mit wachsender Übung kam auch die Freude an der Musik. Er hörte sich in Klänge und Harmonien ein, und heute genießt er mit allen Sinnen jedes gute Konzert.

In Maulbronn brachte ein Lehrer dem jungen Schüler auch die Anfangsgründe der Stenografie bei. Er übte sich darin und beherrschte die Kurzschrift bald so gut, daß er während seiner Berufsjahre alles für ihn Wichtige mitstenografieren konnte.
»Ich weiß wahrhaftig nicht, wie ich meine Lebensarbeit ohne die Stenografie bewältigt hätte!« kann er heute noch manchmal sagen.

Trotz mancher Einschränkung wirkt ein gutes Internat erzieherisch auf die jungen Eleven. Man hat sich in eine Gemeinschaft einzufügen und den Mitmenschen anzunehmen, wie er ist; man hat zu essen, was auf den Tisch kommt; man hat Pünktlichkeit zu üben, ohne die es bei solch engem Zusammenleben nicht geht. Man erfährt auch recht viel über sich selbst und lernt, mit Empfindlichkeiten und Kritik besser fertig zu werden.

Jeden Sonntag mußte Albrecht, auf Wunsch der Eltern, einen Brief nach Hause schreiben, der dann jeweils dienstags im Familienkreis vorgelesen wurde. Er kam dieser Pflicht gewissenhaft nach, auch wenn mancher Brief mit der Feststellung begann:
Heute weiß ich wieder nichts zu schreiben ...

Wenn Albrecht in die Ferien nach Hause kam, zog Festtagsstimmung in unseren Familienalltag ein. Ganz nebenbei lernten wir Geschwister die Geschichte vom »verlorenen Sohn« auf unsere Weise verstehen. Nicht, daß Albrecht ein verlorener Sohn gewesen wäre! Im Gegenteil! Die Eltern sagten später:
»Albrecht hat uns nie Sorge gemacht.«
Das konnten sie in der gleichen Weise von keinem ihrer anderen Kinder behaupten. Aber *wir* erhielten keine fröhlichen Empfänge mit Kaffee und Kuchen, erlebten

keine von innen her erleuchtete Mutter, die nun alle Kinder wieder um sich hatte, und keinen Vater, der sich Zeit nahm für den Heimkehrenden. Wir anderen galten nicht mehr viel, wir waren »Alltag«, Albrecht war »Sonntag«. Im Grunde empfanden wir es natürlich genau so und genossen nicht nur den Kuchen, sondern auch die Freude und Dankbarkeit der Eltern.

Es herrschte jedoch nicht nur Feststimmung. In die Sommerferien fiel stets die Erntezeit, welche in jenen Jahren, noch ohne große technische Erleichterungen, sehr arbeitsintensiv war. Albrecht verschloß sich den unausgesprochenen Forderungen der Eltern an ihn kaum einmal, obwohl er sich ganz gut hätte drücken können: »Ich habe so viel zu lernen!« oder »Ich will auch einmal ein bißchen Ferien haben!« Er spürte genau: Das Sein und das Tun gehören zusammen, wenn man ein wahrhaftiger Mensch werden will. Die Feldarbeit fiel ihm nicht leicht. Erst später erkannte er, wie wichtig dieses Training für ihn gewesen war.

Nach den zwei abgeschlossenen Maulbronner Schuljahren führte ihn die weitere Ausbildung nach Blaubeuren mit dem idyllischen Blautopf und dem kostbaren, farbenprächtigen Hochaltar in der dortigen Kirche.

In der Oberstufe wurden den inzwischen Herangewachsenen deutlich mehr Freiheit und Selbstverantwortung gewährt. Das war nötig, denn ihr Umkreis war, wenn auch nicht gerade lebensfremd, so doch sehr einseitig von Männern geprägt. Putzen und Kochen überließ man den Frauen. Welch ein Frauenbild mögen diese jungen Männer in jener Zeit mitbekommen haben!

In Albrechts Blaubeurener Seminarjahre (1933–35) fiel der Beginn des »Dritten Reiches«. Man kann sich die Aufbruchstimmung, die sich mit dem Erscheinen Adolf Hitlers verband, heute überhaupt nicht mehr vorstellen. In kurzer Zeit schwand die millionenfache Arbeitslosigkeit. In den jungen Leuten entfalteten sich die besten Kräfte an Idealismus und selbstloser Einsatzbereitschaft. Gute deutsche Menschen wollten sie schließlich alle werden ...

Unsere Eltern, schreibt Albrecht, *standen der »Bewegung« von Anfang an kritisch gegenüber. So waren auch wir Kinder nie begeisterte National-sozialisten wie die meisten unserer Kameraden. Wir danken dies unserem Elternhaus bis heute.*

Welch vielschichtige geistige Strömungen mögen damals an den Abenden durch die Blaubeurener Schlafsäle gegangen sein! Was für heiße Debatten wurden geführt! Denn daß gegen »Kirche« und »Pfarrer« erst leise, dann immer lauter, gespöttelt wurde, konnten die angehenden Theologen nicht überhören. Theophil Wurm, der damalige evangelische Landesbischof von Württemberg, schrieb bereits in seinem Weihnachtsgruß 1934:

Das zu Ende gehende Jahr hat uns in der Kirche viel Not und Unruhe gebracht. Wir sind in schwere Kämpfe hineingeführt worden. Wir sind dabei alle auf die Probe gestellt und gesichtet worden ... Viel-leicht stehen uns noch schwere Auseinandersetzun-gen bevor ...

Mehr möchte ich hier nicht darüber berichten. Erwähnt sei höchstens, daß die gegenseitige Verständigung mit der katholischen Schwesternkirche intensiver war als heute, denn beide Kirchen standen unter Druck und mußten sich auf den wirklichen Inhalt ihrer Verkündigung besinnen.

Albrechts Abitur in Blaubeuren schloß gleichzeitig mit dem sogenannten »Konkurs« ab, der zum Studium in dem berühmten evangelisch-theologischen Stift in Tübingen berechtigte. Inzwischen hatte sich ein deutlicher »Kirchenkampf« entfacht, von dem man noch nicht wußte, wie er enden werde. Die Nazis wollten das Alte Testament als ein Judenbuch abschaffen. Daß das Neue Testament ohne das Alte unverständlich war, erreichte ihren Horizont nicht. Welche Zukunft stand einem jungen Theologen bevor?
Vor dem Studium allerdings war noch der sogenannte Reichsarbeitsdienst zu bestehen, zu dem jeder junge Mann verpflichtet wurde. Albrecht mußte ihn auf der Comburg bei Schwäbisch Hall absolvieren. Die

auf einem Umlaufberg des Kochers erbaute romanische Klosteranlage mit ihrem weltberühmten Kronleuchter konnte nicht darüber hinwegtrösten, daß besonders bittere Monate auf den Achtzehnjährigen warteten, der wieder einmal jünger war als seine Kameraden. Die Gegensätze zwischen dem humanistisch geprägten Geist in Blaubeuren und dem grobschlächtigen, ja geradezu schikanösen Umgangston im Lager hätten größer nicht sein können. Albrecht schreibt:

Demütigungen von Tag zu Tag! Neben der sinnvollen Arbeit beim Waldwegebau gab es das sinnlose, geisttötende Exerzieren mit dem Spaten. Die Arbeitskleidung war so schäbig, daß wir beim An- und Rückmarsch von und zur Arbeitsstelle die grüne Exerziermontur über die Drillichkleidung anziehen mußten.

Und das manchmal bei fast dreißig Grad Sommerhitze! Ein schmutziger Witz löste den anderen ab, die »Kameraden« wollten das »Pfarrerlein« mit obszönen Redensarten herausfordern. Ein derber Reichsarbeitsdienstführer nützte seine überlegene Stellung aus. An manchen Tagen stieg die äußere und innere Belastung bis an die Grenze des Erträglichen. Hätte Albrecht durch die wiederholte Mithilfe auf den elterlichen Feldern nicht eine gewisse Zähigkeit errungen, wären diese Monate eine Überforderung gewesen.

Der Aufrichtigkeit halber muß ergänzt werden, daß nicht in allen Lagern solch ein unmöglicher Ton herrschte, es gab auch hervorragende Arbeitsdienstführer. Auf der Comburg hatte Albrecht Pech und erhielt von keiner Seite irgendwelche Hilfe, die ihn heimisch hätte werden lassen.

In diesen Zusammenhang paßt auch folgende Begebenheit, die Albrecht in einem seiner »geistlichen Worte« aufgegriffen hat:

Als im Haus einer Waldarbeiterfamilie oben auf den Höhen des Mainhardter Waldes das zehnte Kind in der Wiege lag, schnürten die Eltern das Bündel für den Ältesten: »Du mußt sehen, wie du nun draußen dein Brot verdienst. Bei uns kann es für zehn Münder nun nicht mehr reichen.« Der Bub ging, dreizehn Jahre war er alt.

Ein Märchen? »O nein«, sagte die Erzählerin, »es war mein Großvater, der damals, ein halbes Kind noch, fortgeschickt wurde in die Fremde. Und wie ist es weitergegangen?

Wochen später stand im Morgendämmer der Dreizehnjährige wieder vor der Haustür, müde und erschöpft, das Gesicht von Tränen überströmt. Die ganze Nacht war er gelaufen und gelaufen, über dreißig Kilometer weit, getrieben, geschüttelt von unsagbarem Heimweh, von einem Heimweh, das ihn gar nicht dran denken ließ, daß er es an seinem Dienstort doch besser hatte als daheim. Da gab es genug zu essen. Einen Teller Milchsuppe bekam er von der Mutter und ein Stück Brot für den Rückweg:
»Du mußt nun wieder zurück!« sagte sie. »Es geht nicht anders.« Und wandte sich ab, damit der Bub die Tränen nicht sah.

Getrieben, geschüttelt von unsagbarem Heimweh – von Heimweh wonach? War denn in seinem Elternhaus nicht alles nur Kargheit und Not? Doch das konnte nicht alles sein. Dieser junge Mensch muß dort eine Geborgenheit gefunden haben, eine Zugehörigkeit, Nestwärme, Zuhause sein, welche die Fremde ihm nicht hat geben können. Das Bedürfnis nach Zugehörigkeit ist elementar, und eben dieses elementare Bedürfnis bleibt in unserer Zeit oft unerfüllt.

Studienjahre

1935 – 1939

Manchmal fragen wir uns, wie weit wir denn selbst zu Nummern geworden sind. Und, wie Nummern auswechselbar. All das geschieht in einem Umfeld, in dem die Nummern immer länger werden und immer zahlreicher: Kontonummer, Telefonnummer, Kundennummer, Steuernummer, Autonummer, Schecknummer, Ausweisnummer usw. Immer öfter werden wir gefragt: Und Ihre Nummer? Bin ich nur noch eine Nummer wert? Die Wertsetzung Gottes aber lautet: Es gäbe dich nicht, wenn nicht ich, dein Gott, dich ins Leben gerufen hätte. Was du hast, hast du von mir. Du bist nicht irgend jemand, schon gar nicht eine Nummer. Ich habe dich bei deinem Namen gerufen. Ich vergesse deinen Namen nicht. Du bist und bleibst unter diesem Namen: mein Kind.

Albrecht Hege

Der Einzug ins Tübinger »Stift«, herrlich über dem Neckar gelegen, war für jeden Studienanfänger eine feierliche Angelegenheit. Die berühmten »Stiftsköpfe«, wie z.B. Schelling, Hegel, Hölderlin, Hauff, Mörike und viele andere, schauten einem gleichsam über die Schulter. Das schuf eine ganz eigene Atmosphäre, die etwas einseitig von Männern geprägt war. Es scheint aber, daß trotz weiterhin gemeinsamer Schlafsäle genügend Raum für individuelle Neigungen und Begabungen blieb.

Als ich einmal bei meinem Bruder zum sogenannten »Stiftskaffee« eingeladen war, staunte ich über die vielen eigenständigen Persönlichkeiten, die sich hinter den oft noch bubenhaft wirkenden Gesichtern zu entwickeln begannen.

Aus rauhen, fröhlichen Jungmännerkehlen ertönte ein Studentenlied ums andere. Wie gut, daß wir damals alle nicht ahnten, in welch schmerzliches Zeitgeschehen die angehenden Theologen schon wenige Jahre später hineingerissen werden sollten!

Übrigens lernten sie bei diesem nahen Zusammenleben einander recht gut kennen,

und es wird behauptet, daß die württembergische Landeskirche in den über 450 Jahren
ihrer Geschichte nur deshalb jede Art von
oftmals drohender Spaltung aufgefangen
habe, weil die späteren Pfarrer durch ihre
gemeinsame Seminar- und Stiftszeit miteinander vertraut waren.

Der Leiter des Stiftes, Ephorus[1] Karl Fezer,
lehrte praktische Theologie und führte seine
manchmal durchaus übermütigen Studenten
mit fester Hand. An einem Wochenende
waren einmal mehrere Stiftler abwesend, und
so reichte es für die im Stift Gebliebenen zu
zwei Knackwürsten statt der sonst üblichen
einen. Der diensthabende Student versagte es
sich nicht, beim Tischgebet zu formulieren:
»Wir danken dir, Herr, denn du bist sehr, sehr
freundlich!« Als das dem Ephorus zu Ohren
kam, hatte der dankerfüllte Beter anzutreten
und sich zu entschuldigen.

Den jungen Stiftlern standen sogenannte
Repetenten hilfreich zur Seite. Das waren

---

[1] Ephorus: griech. Aufseher. Er hatte im alten Sparta über die Ein-
haltung von Sitten und Gesetzen zu wachen.

bereits examinierte und fähige Theologen, die ein mehr oder weniger gütiges Auge auf die Anfänger haben sollten. Es war eine Ehre, als Repetent berufen zu werden, nicht zuletzt auch deshalb, weil man weiterhin Universitätsluft schnuppern konnte, ehe einen der Beruf vereinnahmte.

Bald erfolgte die Zwangseingliederung aller Studierenden in die Studenten-SA. In Albrechts Abteilung waren aber so viele Theologen, daß *sie* den Ton bestimmen konnten. Wenn am Sonntagmorgen SA-Dienst angesetzt war, um die jungen Leute vom Gottesdienst abzuhalten, fanden sie Mittel und Wege, den Kirchgang an den Dienst anzuschließen.

Zudem lehrten gerade in den Dreißiger Jahren prägende Persönlichkeiten als Theologieprofessoren an der Universität, z.B. hat Albrecht noch Adolf Schlatter kennengelernt. Besonders eindrucksvoll war Karl Heim, der sich vor allem mit dem Thema »Naturwissenschaft und Glaube« auseinandersetzte und seinen manchmal angefochtenen Studenten mit seelsorgerlichem Feingefühl beistand. Albert Einstein soll einmal geäußert haben, seine Relativitätstheorie habe in Deutschland nur ein einziger Mann wirklich verstanden, nämlich Professor Karl Heim in Tübingen.

Viel politischen Mut zeigte der Professor für Altes Testament, Paul Volz. Bei seinen kritischen Anmerkungen im Blick auf das »Dritte Reich« hielten die Studenten den Atem an, denn das konnte gefährlich werden. Faszinierend waren auch die Vorlesungen in Kirchengeschichte von Hanns Rückert. Alle diese Persönlichkeiten waren für die jungen Erwachsenen »Lehrmeister des Lebens« und haben in langjähriger geistiger Arbeit und Erfahrung gerade in der Zeit der »Deutschen Christen« viel mehr als nur ihr Wissen vermittelt.

Albrechts Studium wurde durch zwei auswärtige Semester in dem reizvollen mittelalterlichen Universitätsstädtchen Marburg ergänzt. Die einst berühmt gewordenen Marburger Religionsgespräche (1529 mit Luther, Melanchthon, Bucer, Zwingli u.a.)

hatten dort als eine geschichtlich reiche theologische Tradition weitergewirkt. Während Albrechts Studienzeit lehrte in Marburg der bereits heiß umstrittene Professor Rudolf Bultmann, der später durch das Schlagwort von der »Entmythologisierung« im Zusammenhang mit seinen historisch-kritischen Lehrmethoden berühmt wurde. Es ist hier nicht der Ort, Bultmanns Theologie zu erläutern, ich möchte lediglich die geistigen Spannungen andeuten, mit denen sich der damalige Student auseinanderzusetzen hatte. Noch beeindruckender für ihn war Hans von Soden, dessen umfangreiches Wissen weit über sein Fachgebiet als Kirchenhistoriker hinausging. Gegenüber dem Dritten Reich nahm von Soden früh eine kompromißlose Haltung ein und wurde Mitbegründer der bekennenden Kirche in Kurhessen.

Im Herbst 1938, wieder zurückgekehrt nach Tübingen, beantragte der Kandidat Albrecht Hege seinen Austritt aus der SA, der ihm überraschenderweise ohne Folgen genehmigt wurde.

Albrechts Doktorarbeit über Hans Denck bei Professor Hanns Rückert erforderte im 9. Semester eingehendes Quellenstudium.

Die liebenswerte Gestalt von Hans Denck (1495 – 1527) ist heute weithin vergessen. Er war ein Zeitgenosse Martin Luthers und hochbegabt; Neunundzwanzigjährig wurde er als Rektor an die berühmte humanistische Sebaldus-Schule in Nürnberg berufen. Er fühlte sich zu Meditation und Mystik hingezogen. Sein öffentliches Bekenntnis zur unsichtbaren Kirche und zum »inneren« Christentum bewirkte, daß ihm sein Lehramt schließlich entzogen und er aus Nürnberg verbannt wurde. Albrecht schreibt:

Er war ein Einsamer, Unverstandener, der darunter gelitten hat, mit seinen Gedanken und Erkenntnissen um die religiöse Erneuerung auf heftigen Widerstand zu stoßen. Dennoch fühlte er sich der Wahrheit so tief verpflichtet, daß er nicht schweigen konnte.

Hans Denck arbeitete an der Übersetzung der alttestamentlichen Propheten aus dem Hebräischen, die Luther später mitbenutzt hat. Mit 32 Jahren starb der tieffromme Mann in Basel an der Pest. Ganz sicher gehörte er zu jenen *Stillen im Lande, die jedes Volk braucht und deren leise Stimme nie ganz verstummen darf, wenn die Menschheit nicht verkümmern und vermassen soll (nach Friedrich Lienhardt).*

Dem Wort der göttlichen Wahrheit in meinem Herzen will ich immer zuhören und folgen und werde mir das von niemandem nehmen lassen.

(Hans Denck)

Im Zweiten Weltkrieg

1939 – 1945

»Gott wird abwischen alle Tränen von ihren Augen.« Das ist am Ende der Bibel den Weinenden verheißen. Denen, die Leid tragen, ist in der Bergpredigt die Zusage gegeben, daß sie getröstet werden. Daß Gott für uns da ist, am Abend und am Morgen, darf der Glaube wissen.

Albrecht Hege

Besonders lebhaft erinnere ich mich an Albrechts Semesterferien im Sommer 1939. Er bereitete sich zu Hause auf sein erstes theologisches Examen und auf seine Dissertation über Hans Denck vor. Ich selbst stand im Abitur und bat den neben reichlichen Feldarbeiten nun auch am Schreibtisch eingespannten Bruder um lateinische Nachhilfe.

Wie seltsam: Immer wieder einmal umkreiste uns in jenem Sommer die dunkle Angst, daß irgendwann ein großes »HALT« auftauche, das keinen normalen Weiterweg mehr zulasse. War es die Vorahnung des kommendes Krieges? Von heute aus sehe ich es so.

Wir hatten in dieser Zeit eine besonders nette junge Praktikantin aus dem hauswirtschaftlichen Lehrerinnenseminar in Kirchheim/Teck bei uns. Klara Mayer und ich befreundeten uns rasch. Albrecht schien diese Freundschaft höchst willkommen. Schwestern haben im Blick auf die Herzensangelegenheiten ihrer Brüder einen siebten Sinn, und den brauchte ich bei den zweien auch. Denn sie waren äußerst zurückhaltend und wurden höchstens von einer leichten Röte erfaßt, wenn sie einander »zufällig« im Treppenhaus begegneten.

Wie ein Keulenhieb traf uns der Kriegsausbruch. Klara und ich holten an jenem wunderbaren Spätsommerabend Körbe voller Dahlien aus dem Garten, um die letzten Erntewagen damit zu schmücken. Noch heute empfinde ich beim Duft welkender Dahlien den Schmerz jener schicksalsbeladenen Stunde, denn genau in diesem Augenblick, in welchem wir das Danklied anstimmen wollten, brachte der Briefträger die Stellungsbefehle für alle jungen Männer unseres Betriebes, auch für meine Brüder. Es war, als würde uns der Boden unter den Füßen weggezogen.

Sogar Klara Mayer erhielt eine Art Stellungsbefehl: Als der Brief vom Oberschulamt ankam, zentrifugierte sie gerade die frische Milch in getrennte Schalen für Magermilch und Sahne.
In dem Schreiben hieß es, sie werde als Leiterin einer einklassigen Volksschule nach Schainbach bei Crailsheim verpflichtet, wo sie in einem einzigen Raum acht Klassen unterrichten sollte. Und wir hätten sie doch nötig brauchen können!

Kaum jemals war eine Praktikantin so fleißig und interessiert wie Ihr Klärle, schrieb meine Mutter in jenen Tagen an die Eltern Mayer.
Wir mußten das unbekannte Dorf lange auf

der Landkarte suchen. Mit Eisenbahn und Fahrrad war es zu erreichen.

Es fehlen mir alle Grundlagen für diese Art des Unterrichtens, schrieb Klara uns Wochen später, *bei jedem Auto, das aufs Schulhaus zufährt, bekomme ich Angst, es könnte der Schulrat sein.*

Albrecht wurde nach Horb a. N. einberufen. Auf dem Kasernenhof schritt ein Unteroffizier die Reihen ab. Vor Albrecht blieb er stehen.

»Brillenträger, wie? Melden Sie sich auf der Schreibstube!«

Offenbar waren zu viele Männer ausgehoben worden; weder Verpflegung noch Unterkunft konnten rasch genug bewältigt werden. Albrechts Stellungsbefehl wurde auf unbefristete Zeit rückgängig gemacht, er konnte wieder nach Tübingen zurück. Nun war es endlich einmal von Vorteil, daß er so jung zum Studium gekommen war. Er konnte seine erste theologische Dienstprüfung abschließen und seine Doktorarbeit zum Druck fertigstellen, so daß sie zu Weihnachten für seine Eltern unter dem Christbaum lag, während er sein erstes Vikariat in Möhringen antrat. Wir Geschwister waren sehr stolz auf unseren Bruder, der schon mit 22 Jahren den anspruchsvollen Dr. theol. erworben hatte. In Möhringen wurde Albrecht auch ordiniert, d.h. er wurde zu Predigtamt und Sakramentsverwaltung in der Württembergischen Evangelischen Landeskirche berufen.

Am Neujahrsmorgen 1940 hielt er seine erste Predigt. Das ist immer ein besonderer Einschnitt im Leben eines jungen Pfarrers. Der zuvor erhaltene neue Stellungsbefehl steckte bereits in seiner Tasche. Er hatte über das Wort zu predigen: *Ich habe dir geboten, daß du getrost und freudig seiest.* Und er sprach sich damit selbst Trost zu, war doch sein eigener Weg voll Ungewißheit!

Die Rekrutenausbildung führte ihn nach Kremsier in Mähren. Es wurde bitterkalt in jenem Winter, und die Strapazen waren ungewöhnlich hart. Danach aber hatte Albrecht wieder Glück: Brillenträger verwendete man gerne in Schreibstuben, und so wurde er als Rechnungsführer in Tübingen eingesetzt.

»Nur nie auf jemanden schießen müssen! Und auch nie einen Befehl zum Schießen geben müssen!« Das war an jedem Morgen seine heimliche Bitte, die er allerdings nirgends laut äußern durfte, denn das galt als unheldisch. Man weiß heute nicht mehr, wie rasch einem eine unbedachte Bemerkung in jenen Jahren als »Wehrkraftzersetzung« ausgelegt werden konnte, die meist mit Erschießung bestraft wurde.

Unsere Brüder erhielten nun eine Feldpostnummer, der Aufenthaltsort durfte niemals angegeben werden, man hatte ihn aus verschlüsselten Briefstellen zu erraten, was auch meist gelang.

Und dann starb im November 1940 ganz plötzlich unsere Mutter an einer Blutvergiftung. Es war für unsere Familie zunächst ein unfaßbarer Einbruch, denn die Mutter war sowohl im Betrieb als auch für Mann und Kinder unentbehrlich. Unser Vater schien

sich an der Streptokokkeninfektion ange-
steckt zu haben und mußte auf ärztliche Anordnung sofort ins Krankenhaus. Unsere
»Soldatenbrüder« bekamen zwar einige
Tage Urlaub, aber wir jüngeren Geschwister
fühlten uns mit den über uns hereinbre-
chenden Sorgen doch sehr allein.

Wir bahrten das Mutterle in der Diele auf.
Albrecht hielt auf Vaters Wunsch die Ab-
schiedsandacht an ihrem Sarg. Es mag ihm
schwer gefallen sein. Wie selbstverständlich
nahmen wir an, daß er das konnte! Er selbst
hat es später so ausgedrückt:

*Mit dem Leid leben müssen ist eine harte Sache. So
viel sich auch geändert hat in unserer modernen
Zeit – leiden müssen bleibt schwer.*

*Das Leid hat viele Gestalten: Krankheit, langes
Siechtum, der Verlust eines geliebten Menschen mit
nachfolgender Einsamkeit – oder auch der Alltag, der
einen überfordert. Oder im Gegenteil: das Gefühl,
nirgends mehr gebraucht zu werden ... Oder: es kann
sein, daß es jemand nie mehr vergessen kann: »Mir ist
ein Kind vors Auto gelaufen!« Leid kann die Gestalt
der Schwermut haben, der Depressionen, die immer
wieder in Wellen kommen und einen nicht freigeben.*

Was macht das Leid mit uns? Was machen wir aus dem Leid? Es bedroht uns, durchkreuzt unsere Pläne. Es kränkt, demütigt.
Wir wehren uns, wir wollen nicht leiden. Wir fragen: Warum? Wieso? Und keine Antwort. Auch die Bibel lehnt voreilige Antworten ab. Sie kennt die Klagen. »Mein Gott, mein Gott, warum hast du mich verlassen!«

Das, was Jesus Christus erlitten hat, das hat eine geheime Verbindung zu dem, was wir erleiden. Er hat es nicht enträtselt, er hat es erlitten. Wir sind darin mit Christus und durch ihn mit Gott verbunden. Und Gott bleibt da.

Kann im Leid Gutes sein? Jesus sagt ja. Leiden ist nie nur etwas, das uns beraubt. Leid kann zum Segen werden. Wer davon etwas erfahren hat, gehört zu den Menschen, die können, was so sehr wohltut: sie können behutsam trösten.

Während der nun folgenden Wochen voller Trauer und innerer Not leuchtete aber auch ein Licht auf: Albrecht teilte uns mit, er wolle sich mit Klara Mayer verloben.

»Ach, ihr seid noch so jung!« sagte mein Vater mit leisem Lächeln. Doch dahinter verbarg sich seine Dankbarkeit, daß er in Klara eine warmherzige Tochter geschenkt bekommen würde.

»Ich kann nicht warten, bis ein anderer sie mir wegheiratet!« erwiderte Albrecht.

Und Klara schrieb an ihre Eltern, als sie ihnen ihre Verlobung mitteilte:

Ich weiß, daß ich euch heute eine große Freude bereite...

Über dieser Verlobungszeit hingen die Schatten des sich ausweitenden Krieges! Den beiden Brautleuten waren nur wenige gemeinsame Tage vergönnt. Im Sommer erhielt Albrecht kurzen Ernteurlaub. Es beeindruckte uns alle, daß die beiden fast täglich beim Einbringen der Ernte tüchtig mithalfen, obwohl ihre knappen gemeinsamen Stunden kostbar waren. Wie gut, daß sie die Kunst des Briefschreibens beherrschten!

Auf Klaras Kommode im Schainbacher Schulhaus stand eine niedliche kleine Truhe mit Albrechts Kriegsbriefen; sie sah aus wie ein Schatzkästlein.

Im Sommer 1941 wurde Albrecht nach Süd-
frankreich verlegt. Er war noch nicht lange
in seiner Schreibstube, als eines Abends ein
frisch in die Kompanie versetzter Kraftfah-
rer an seine Tür klopfte.

»Sie sind Pastor, nicht wahr? Ich möchte
beichten. Was ich zu sagen habe, braucht ab-
solute Verschwiegenheit, sonst kostet es
mich den Kopf.«

Und dann berichtete er:

»Ich kam gleich nach der Kriegserklärung an
Rußland zur Ostfront und wurde zum Fahren von merkwürdigen Lastwagen eingesetzt, wobei man mich jedesmal im Führer-
haus eingeschlossen hat. Krieg ist Krieg, da
gibt's manchmal unverständliche Befehle,
dachte ich, doch habe ich mich während der
Fahrt immer gewundert, warum es hinter
mir im geschlossenen Laderaum so seltsam
rumpelte. Erst allmählich wurde das Rum-
peln leiser, und bis wir im Wald ankamen,
war es ganz still.

Einmal haben sie vergessen, mich einzu-
schließen, da hab' ich rausschauen können.
Und was habe ich erblickt? Eine frisch auf-
gefüllte Grube, aber die lockere Erde hat

sich bewegt. Da ist es mir plötzlich wie Schuppen von den Augen gefallen, was ich da zu fahren hatte: Menschen, wahrscheinlich Juden. Während der Fahrt wurden die Abgase ins Wageninnere geleitet, um die dort Verladenen zu töten oder wenigstens bewußtlos zu machen. Von da an hab' ich nicht mehr aus noch ein gewußt, jeder Tag war ein Stück Hölle. Vielleicht haben die Oberen durch mein gedrücktes Wesen etwas bemerkt, jedenfalls wurde ich bald hierher versetzt. Für mich ist es eine Erlösung gewesen, aber die Vorstellung, daß ich so etwas tat, bringt mich manche Tage fast um den Verstand.«

Da dieser Mann nicht der SS angehörte, sondern ein ganz normaler Soldat war, erkannte Albrecht mit Entsetzen, daß die Wehrmacht im Osten bereits zum Handlanger eines Naziterrors geworden war, den er bisher nicht geahnt hatte.

Als Akademiker wurde er kurze Zeit danach aufgefordert, die Offizierslaufbahn anzutreten. Er verbrachte eine schlaflose Nacht.

Konnte man in einer Wehrmacht, die für solche Verbrechen mißbraucht wurde, wirklich Offizier werden? Ein ihm wohlgesonnener Kommandeur nahm ohne weitere Begründung seine Ablehnung an, so daß keine schlimmen Folgen daraus entstanden, was durchaus der Fall hätte sein können. Viel schwieriger war es, der Familie und der Braut daheim den Entschluß klar zu machen, denn vom eigentlichen Grund durfte kein Sterbenswörtchen über seine Lippen kommen. Oder hätte man doch sein Leben riskieren müssen? Diese Frage ließ während der Kriegsjahre keinen aufrechten Mann ruhig, wenn er Verbrechen ahnte.

Wir sind am Leben geblieben, weil wir geschwiegen haben!

Das konnte Albrecht später noch manchmal in schmerzlicher Aufrichtigkeit sagen.

Es geschah in den Osterferien 1942. Klara und ich richteten gerade den Blumenschmuck in der Wohnstube, als überraschend Albrecht unter der Tür stand.

»Ich hab' Hochzeitsurlaub eingereicht. Ich denke, wir schaffen es in acht Tagen.«

Wie gut, daß er eine so vernünftige und tatkräftige Braut hatte! Natürlich erschrak sie zunächst:

»Wo soll ich denn ein Hochzeitskleid hernehmen?« Denn dafür würden die Punkte auf der Kleiderkarte gar nicht ausreichen, außerdem gab es nirgends Hochzeitskleider zu kaufen.

Aber Freundinnen, Verkäuferinnen mit heimlichen Beziehungen und Schneiderinnen halfen zusammen; so entstand schließlich in kürzester Zeit ein herrliches Hochzeitskleid für die zierliche Braut. Das gute Fräulein Bertele aus Altbach, wo Klaras Eltern wohnten, hat gewiß Tag und Nacht gesmokt und genäht.

Damit alle Verwandten und Bekannten gut anreisen konnten, fand die Hochzeit in Stuttgart statt. Unter dem (noch) vollen Geläut der Stiftskirche – Württembergs berühmtestem Gotteshaus – zog das Paar ein. Klara war eine reizende Braut und überstrahlte ihren Mann in seiner schmucklosen

Unteroffizierskleidung, die sichtbar nicht maßgeschneidert war.

»Eine richtige Offiziersuniform wäre wahrhaftig wirkungsvoller gewesen!« meinte unsere Großmutter, die nicht immer über Äußerlichkeiten erhaben war. Der Wert eines Menschen wurde damals oft genug lediglich an seiner militärischen Rangordnung gemessen.

Neben aller Freude lastete ein großer Ernst über dieser Trauung. Unsere Mutter fehlte, und die Gefallenenmeldungen so mancher gleichaltriger Ehemänner und Brüder waren gegenwärtig. Mein Brautführer war Klaras jüngerer Bruder Siegfried, ein schmucker Offizier. Er ist gegen Ende des Krieges gefallen.

Da habe ich drei Tage lang nur geweint, schrieb sie. Ja diese Generation hat es lernen müssen, mit unverheilten Wunden zu leben. Wie viele sind nicht mehr heimgekommen! Und gar nicht wenige von denen, die zurückkehrten aus der Kriegshölle, hatten und haben lebenslang an den Verletzungen zu tragen.

»Ich kann Sie nur bewundern«, sagte die Frau aus dem Nachbarhaus. »Nun geht es bei Ihrem Mann schon Jahre. Tag und Nacht müssen Sie für ihn da sein!«

»O doch«, sagt die Angesprochene mit Bestimmtheit, »Sie könnten es auch. Wenn man jemand lieb hat, dann kann man viel«

Ja, man muß jemand haben, den man von Herzen mag. Wie aber, wenn man zum Kreis der so Bevorzugten nicht gehört?

Ein Grundwort der Bibel lautet: »Liebe Gott, deinen Herrn, von ganzer Seele und mit aller Kraft.« Wer dieses Wort wirklich erfaßt, ist voller Glück. Er weiß: »Ich muß dich einfach liebhaben, mein Gott! Wie sollte ich mir mein Leben denken können ohne das Glück, von deiner Liebe zu wissen?«

Im Jahr 1943 wurde Albrecht an die italienische Cassinofront verlegt. Außer seiner Arbeit in der Schreibstube hatte er nun die schwere Aufgabe, gefallene Kameraden zu bestatten, weil der Divisionsgeistliche nicht immer kommen konnte. In Fossanuova durfte er in einer alten Zisterzienserabtei einen ihm unvergeßlichen Karfreitagsgottes-

dienst halten. Das Kloster gehört zu den be-
deutendsten Kirchen Italiens. Siebenhundert
Jahre zuvor war der neunundvierzigjährige
Kirchenlehrer Thomas von Aquin auf seiner
Reise zum Konzil nach Lyon unvermutet in
diesem Kloster gestorben und ist dort begra-
ben worden. Der Geist des großen Heiligen
schien spürbar über dem Gottesdienst zu
schweben. Der Raum war voll besetzt mit
tief verunsicherten, heimwehkranken Männern, welche die Botschaft vom Kreuz in
diesem altehrwürdigen Rahmen mitten im
fremden Land viel dankbarer aufnahmen
und verstanden, als es ihnen in einem normalen Leben daheim je möglich gewesen
wäre.

Im Jahr 1944 wurde auch in Italien ein ra-
scher Rückzug unvermeidbar. Albrechts
Einheit mußte überstürzt nach Norditalien
verlegt werden. Er berichtet:

*Bei der Fahrt ins östliche Norditalien hatten wir
mit unserem Mannschaftstransportwagen den An-
schluß an unsere Kolonne verloren; vermutlich sind
wir an einer unübersichtlichen Kreuzung falsch ab-*

gebogen. Lange irrten wir umher, und schließlich wurden wir so müde, daß wir eine Pause einlegen mußten und uns in einem verlassenen Gehöft zum Schlafen niederlegten. Gegen Abend fuhren wir weiter und erreichten endlich unsere Kolonne wieder. Als wir aus dem Wagen kletterten, stürzte der Chef auf uns zu und begrüßte uns wie vom Tod Auferstandene. Man hatte geglaubt, wir seien nicht mehr am Leben. Denn überall lauerten Partisanen auf versprengte deutsche Soldaten, die sie gnadenlos hinrichteten.

»Es ist unfaßlich!« rief unser Kompanieführer. Und wir Ahnungslosen hatten sogar noch gut geschlafen! Im Grund war es unverantwortlich gewesen, daß niemand uns auf diese Gefahr hingewiesen hatte.

Wenn heute Kriegsteilnehmer ihre Erlebnisse schildern, tauchen immer wieder die Erzählungen um solche Bewahrungen auf. Zur gleichen Zeit ist unser Bruder Joachim in Rumänien vermutlich auf schreckliche Weise umgekommen. Rolf wurde, wie schon erwähnt, erschossen. Wir müssen die Rätsel von Bewahrung und Vernichtung auf dieser Welt stehen lassen...

Glauben heißt eben auch: die Dunkelheit aushalten. Auch dort, wo sie am schlimmsten ist: als Dunkelheit Gottes. Auf Einsicht, auf Begreifenkönnen verzichten! Das Fragen nach dem »Warum« einstellen. Das Letzte aus der Hand geben, was Sinn geben könnte. Nichts mehr behalten, was eine Erklärung sein könnte – so daß nur Gott bleibt.

Im Sommer 1944 wurde Albrecht bei Udine (Norditalien) beauftragt, ein Divisionserholungsheim zu erstellen – eine interessante Aufgabe. Wäre nur der Anlaß hierfür nicht gar so traurig gewesen! Es gab nämlich inzwischen immer mehr deutsche Soldaten, die ihr Zuhause in Deutschland durch Bombenangriffe und den Tod ihrer Angehörigen verloren hatten. In diesem Heim, nahe am Kampfgebiet, sollten sie ihre Urlaubstage verbringen können. Was waren das für Gespräche mit den heimatlosen und oft auch verwundeten »Urlaubern«!
Albrecht berichtet weiter:

Im März 1945 sollte ich nun auch in der Nähe von Prag ein solches Erholungsheim aufbauen. Es war bereits schwierig geworden, Materialien dafür zu

bekommen. Am 15. April, meinem Hochzeitstag,
erreichte uns der Befehl, den Aufbau einzustellen.
Wir wurden zur Front an die schlesisch-mährische
Grenze abkommandiert. Während der 250 km
langen Strecke wurde uns klar, daß diese Fahrt aus-
weglos in russische Gefangenschaft führte. Ich
wußte ja nicht, daß vierzehn Tage später der ent-
setzliche »Prager Aufstand« ausbrach. Nie hätte
unser kleiner Vortrupp dem furchtbaren Blutbad
entrinnen können. Erst nachträglich erfaßte ich,
daß diese Fahrt in den Osten wiederum eine Be-
wahrung gewesen war.

Nun war Albrecht in russischer Gefangenschaft. Am 9. Mai 1945, seinem 28. Geburtstag, dem ersten Tag nach der deutschen Ka-
pitulation, begann ein Marsch von über 120
Kilometern ohne jede Verpflegung. Ab und
zu durften die Gefangenen aus einem Brun-
nen einen Schluck Wasser trinken. Danach
lagen sie ein Vierteljahr wie das Vieh unter
freiem Himmel. Welch eine Hilfe war das
besonders schöne Frühjahr 1945 in ganz
Europa! Es war fast, als wollten »Wolken,
Luft und Winde« den armen Menschen auf
der Erde wenigstens diejenige Wohltat er-

weisen, die angesichts so vieler Untaten noch möglich war. Die Verpflegung in jenen Wochen bestand aus etwa 400 g schwerem, nassem Brot und einem Schlag Wassersuppe mit einzelnen Graupen. Alle Männer bekamen Durchfall. Schließlich wurden die Gefangenen dieses Lagers nach Deutschbrod in Mehrfamilienhäuser verlegt.

In einer biblischen Arbeit über den Psalm 126 (»Wenn der Herr die Gefangenen Zions erlösen wird...«) berichtet Albrecht über jene Tage:

Gefangen sein im fremden Land, den Siegern preisgegeben – von 1945 an haben das viele deutsche Soldaten am eigenen Leib erfahren. Ich selber gehöre zu ihnen. Es war im Mai 1945, einem Frühlingstag, unvergleichlich schön. Ein Sonntag im böhmischen Land, nahe bei Prag. Ich stand am Stacheldraht und sah, wie draußen am Zaun entlang Eltern mit ihren Kindern, sonntäglich gekleidet, neugierig zu uns herübersahen; fröhlich plaudernd und lachend gingen sie weiter. Ich sah ihnen nach und dachte: Ob ich das auch je wieder erleben werde, so frei zu sein, so unbeschwert?

Im Kriegsgefangenenlager beherrscht ein einziger Gedanke alle anderen: Werde ich wieder frei kommen? Und wann? In Psalm 126 heißt es aber: wenn der Herr die Gefangenen erlösen wird... nicht: wann werden unsere Bewacher uns freigeben! An dieser Stelle bekommt das »Gott der Herr« für mich einen besonderen Klang: Wir waren zweitausend Kriegsgefangene, zusammengepfercht in einem mehrgeschossigen Bau. Die Parole ging von Stock zu Stock: Ärztinnen seien gekommen, sie würden jeden untersuchen und danach entscheiden, wer nach Rußland verschickt werde und wen man entlassen könne. Als unser zweiter Stock zur Untersuchung aufgerufen wurde, war ich gerade kurz nicht im Raum, ich fand danach unser Zimmer völlig leer und wußte, was das bedeutete. Jetzt nur nichts wie hinunter in den Untersuchungsraum! Doch im Stock darunter wurde mir von einer Putzkolonne der Weg verstellt:

»Hier wird die Treppe sauber gemacht, niemand darf durch!«

»Aber ihr wißt doch, daß ich zur Untersuchung muß!«

Nichts zu machen, sie standen wie eine Mauer. Langsam schlich ich in mein Zimmer zurück. Sibirien war mir sicher. Als die Kameraden zurückkamen, waren sie alle für den Abtransport nach Rußland eingestuft worden.

Mitten in der Nacht hallte ein Ruf durch die Gänge:

»Wer war noch nicht bei der Untersuchung?«

Ich flog nur so die Treppen hinunter. Die Ärztinnen waren müde. Und, wie ich später erfuhr, war die Quote von zehn Prozent (so viele sollten auf Anordnung der Amerikaner entlassen werden) noch nicht erfüllt. Wäre ich zusammen mit den anderen rechtzeitig zur Untersuchung gekommen, wäre auch ich nach Sibirien verfrachtet worden. Elend und entkräftet waren wir ja alle! Und nun durfte ich heim! Keiner von denen, die damals mit mir im Zimmer lagen, scheint die Gefangenschaft überlebt zu haben, ich habe von keinem einzigen mehr etwas gehört.

Wer hat jener Putzkolonne geboten, aller Kameradschaft zum Hohn, mir den Weg zu versperren und mir gerade dadurch den Weg in die Freiheit zu öffnen?

Das ist nun über ein halbes Jahrhundert her. »Wenn der Herr die Gefangenen Zions erlösen wird, werden wir sein wie die Träumenden«, übersetzt Martin Luther. Mit feinem Gespür für die he-

bräische Sprache hat Luther erkannt, daß der Psalmist in seiner Sprache nicht die Möglichkeit hat, die wir im Deutschen haben, zu sagen, wenn der Herr die Gefangenen erlöst haben wird! Haben wird – das bedeutet: beschlossen ist es längst, daß wir frei kommen, ja, es ist so gut wie schon geschehen. Ich erlebe den Augenblick jetzt schon (so der Psalmist) in dem wir uns in den Armen liegen und Tränen der Freude weinen. Es wird uns sein wie im Traum, unfaßbar, unbegreiflich, alle Vorstellungen übersteigend.

Diese Worte sind spürbar von eigenem Erleben geprägt. Es ist, als sähe man den erschöpften, halb verhungerten und mehr kranken als gesunden Heimkehrer vor sich, wie er sich an jenem Septembertag des Jahres 1945 durchs Hohenloher Land in das kriegszerstörte Dorf Schainbach schleppt. Es gab damals ja weder Autos noch Telefone.

Vor dem alten Schulhaus, inmitten von Blumen und Sonne, mag er dann wie ein Träumender, fast zu schwach für so viel Freude, seine Frau erblickt haben. Klara pflückte in jenen Wochen jeden Tag einen Empfangs-

strauß; von der Hoffnung auf ein Wiedersehen lebte sie. Aber nun sanken die Hunderte
von bangen Tagen und Nächten wie ein
Nichts in sich zusammen.

Die mit Tränen säen, werden mit Freuden ernten.
Zwischen Tränen und Freude besteht ein innerer
Zusammenhang, ja eine zwingende Verbindung. Es
ist dieselbe Verbindung, wie sie zwischen Saat und
Ernte besteht. Ohne Saat keine Ernte, ohne Tränen
keine Freude.

Zum Dienst berufen

1945 – 1949

Gottes Sein ist wirkendes Sein. Es läßt sich von uns nicht in Begriffe fassen. Er handelt. Er befreit. Er rettet. Er führt heraus. Das Werk der Befreiung, das Gott in·Gang setzt, beginnt mit einem ersten, winzig kleinen Schritt: an einem bestimmten Ort, in einer bestimmten Stunde hört ein Einzelner sich angesprochen. Die Rettungstat besteht zunächst nur aus einer Zusage. Ich will. Ich werde. Und dem bestimmten Zeitpunkt: Dann. Es ist ein heiliges, ehrfurchtgebietendes »Dann«... Gott ist jemand, vor dem man die Schuhe ausziehen muß. Man muß gehen. Und wenn man es zehnmal nicht will.

Albrecht Hege

Nach der Rückmeldung bei seiner Dienstbehörde konnte der junge Vikar als Pfarrverweser seinen Dienst in Schainbach antreten.

Auch das Hohenloher Land hatte ein schreckliches Kriegsende hinter sich, viele Gegenden waren heiß umkämpft worden. Im nahen Brettheim waren furchtbare Verbrechen geschehen, deren Anfechtungen unser Jahrhundert noch überdauern werden. Klaras älterer Bruder, der mit seiner Familie von Oberschlesien zu ihr geflüchtet war versuchte nun, in Süddeutschland Fuß zu fassen.

Die Schainbacher Dorfbevölkerung half mit Lebensmitteln, wo immer sie konnte. Die trauliche kleine Kirche war allsonntäglich voller aufmerksamer Zuhörer.
Mit dankbarer Freude ging Albrecht an seine Arbeit. Stets mit einem wertvollen Text für die Predigt gedanklich umgehen zu dürfen, empfand er nach all den schweren Jahren als eine Bevorzugung besonderer Art. Er erholte sich bald. Wir ahnten, daß diese fast idyllische Zeit nicht allzu lange dauern würde. Daß sie aber schon nach wenigen Monaten zu Ende sein könnte, darauf waren wir alle nicht gefaßt.

Bereits im Januar 1946, nachdem sich gerade das erste Kind angemeldet hatte, wurde Albrecht als Repetent ans Tübinger Stift berufen. Er sah ja ein, daß Hilfe nötig war, denn gerade bei den Theologen waren die Gefallenenzahlen besonders hoch gewesen. Aber es war bitter, nun wieder ohne Frau und Kind leben zu müssen. Tübingen war von den Franzosen besetzt, die Versorgung der Bevölkerung völlig unzureichend, der Hunger erbärmlich. Nur alle sechs Wochen erhielt Albrecht einen Passierschein für einen Sonntag in Schainbach.

Trotz Entbehrung und Hunger hatte die Repetentenzeit aber auch viel Beglückendes: Die aus dem Krieg zurückgekehrten Studenten zeigten bei aller äußeren Not in jeder Hinsicht einen erfrischenden Lerneifer.

»So etwas hat es später nie mehr gegeben«, meint Albrecht heute. Vermutlich hat das schwäbische Sprichwort recht, in dem es heißt:
S'Beschte kommt aus de Leut erst raus, wenn se drückt werdet, wie d'Äpfel beim Moschte!

Nach anderthalb Jahren schloß Albrecht die Repetentenzeit mit dem 2. theologischen Examen ab. Anschließend konnte sich die junge Familie – inzwischen war ein Bübchen angekommen – um ihre erste Pfarrstelle bewerben. Die Entscheidung fiel auf das Kocherstädtchen Ingelfingen.

Der Abschied von Schainbach fiel vor allem Klara sehr schwer. Acht entscheidende Jahre hatte sie dort verbracht, die Dorfbewohner hatten sie als Lehrerin und später als Pfarrfrau ins Herz geschlossen. Doch »Abschiednehmen« und »Loslassenkönnen« gehört eben zum Pfarrberuf.

Die kleine Stadt Ingelfingen bei Künzelsau in Nordwürttemberg ist von einem ganz eigenen Liebreiz. Weinberghänge und Flußwiesen schimmern zwischen bunten Häusern hindurch, behaglich schlängelt sich der Kocher durchs Tal. Dem alten, sonnenlosen Pfarrhaus ohne Garten und direkt an der Hauptstraße gelegen, konnte man allerdings keinerlei Liebreiz abgewinnen. In der ersten Nacht dachte Klara: Bei diesem Straßenlärm werde ich nie schlafen können!

In der riesengroßen Küche mit Sandstein-
fliesen gab es einen einzigen Wasserhahn,
der mit zwei ungarndeutschen Frauen ge-
teilt werden mußte, ebenso wie das stilechte
Plumpsklo mit Brett und rundem Deckel.
Albrechts Studierzimmer lag im Oberstock,
wo noch nebenan der Amtsvorgänger
wohnte. Es mußte wie ein Turmgemach er-
stiegen werden. Immerhin gab es einen
Ofen im Wohnzimmer, und trotz des knappen Heizmaterials vergaß man in seiner
Nähe die undichten Fenster. O, ihr alten
Pfarrhäuser in deutschen Landen – ihr könn-
tet Geschichten erzählen!

Doch welch fröhliches Leben entfaltete sich
in und um das mühsame Haus! Der kleine
Hans erhielt bald ein Schwesterchen, es kam
in dem trockenen Sommer 1947 zur Welt,
als man selbst im Künzelsauer Krankenhaus
kaum das nötige Wasser fürs Badewännchen
zusammenbrachte. Aber solche Dinge nahm
man damals mit Humor, irgendwie lebte
man, vom Krieg erzogen, in anderen Di-
mensionen.

Trotz größter äußerer Einschränkung von Lebensmittel- und Kleidermarken entfaltete sich während der Nachkriegsjahre in Ingelfingen (und nicht nur dort!) ein reiches kirchliches Leben. Bei jedem Gottesdienst war die Kirche voll besetzt, an Festtagen reichte sie nicht einmal aus. Der Kirchgang war aber nicht Gewohnheit, sondern er entsprang aufrichtigem Suchen nach Wahrheit. Aufstieg und Niedergang des Hitlerreiches hatten erschütternde Spuren in den Herzen der Überlebenden hinterlassen. Deshalb war es vielen Menschen ein Bedürfnis, das Wesentliche zu hören.

Zahlreich besucht wurde auch der Kindergottesdienst, und beim Einzug in die Kirche wirkten die Helfer fast wie Schiffbrüchige in den Fluten der vielen lebhaften Kleinen. Ein unvergeßlicher Helferkreis mühte sich um alte und junge Gemeindeglieder. In den regelmäßig abgehaltenen Bibelstunden scharten sich oft über zweihundert Teilnehmer um den neuen Pfarrer. Es war eine äußerlich so arme und innerlich so große Zeit...

Klara freilich hätte ihren Kindern zum Spielen und Toben gern etwas anderes geboten als nur den dunklen Hinterhof. Sie fand eine Lösung: Sie pachtete ein Stück Land in der Nähe des Kochers und verwandelte es in einen blühenden Garten. Sie verstand es, Blumen und Früchte in Überfülle gedeihen zu lassen. Unser Vater und ich kehrten oft in Ingelfingen ein, denn unsere Heimat Hohebuch lag nur etwa 20 Kilometer entfernt.

In das hochgelegene Studierzimmer wurden im Lauf der Zeit viele Freuden und Sorgen hinaufgetragen. Ein Pfarrer, der aufmerksam und wach seine Begabungen und Möglichkeiten einbringen will, ist mit seinem Herzen dauernd unterwegs. Stellvertretend für seine Gemeindeglieder hat er nachzudenken über Fragen, wie sie sich in der Gegenwart stellen, etwa: Welchen Stellenwert haben Besitz, Verdienst und freie Zeit im Leben des Einzelnen und in der Gemeinschaft? Wie geht man als Christ mit Armut und Arbeitslosigkeit um, bei sich und bei anderen? Wie können moderne Kinder glaubwürdig für die Zukunft erzogen werden? Wo entsteht

Verantwortung, vor der man sich nicht drücken darf? Wie ist Frieden erreichbar?

Ja, wenn wir unseren Sorgen die Tür weisen könnten, wie einem ungebetenen Gast: »Fort mit euch!« Sorget nicht, hat Jesus gesagt. Ach wenn es doch so wäre!

Nur, wir erleben es anders. Ein junger Familienvater kommt nach Hause.
»Jetzt ist es heraus! Unser Betrieb macht dicht. Zum Monatsende bin ich arbeitslos!«
Seine Frau wird bleich:
»Aber wir haben doch eben erst gebaut!«

Jesus hat solche Sorgen gekannt. Wer, wenn nicht er! Wo er jedoch von Sorgen spricht, erwähnt er die Vögel. »Sehet die Vögel unter dem Himmel an!« Mit diesem Zuruf möchte er uns die Augen öffnen, damit wir begreifen: Leben ist mehr! Mehr als: genug zu essen haben, mehr als seinen Arbeitsplatz behalten. Leben ist mehr, weil wir Gott mehr wert sind. Ihm bedeuten wir so viel, daß wir uns selbst nicht mehr so wichtig nehmen müssen. Und genau das ist es auch, was Jesus mit dem Wort sagen möchte: »Sorget euch nicht! Euer

Vater im Himmel weiß, daß ihr all dessen be-
dürft!«

Bald entdeckte der junge Pfarrer, daß er
lange nicht alle Aufgaben so überzeugend
bewältigen konnte, wie er sich das vorgestellt hatte. Es sind ja nicht nur die Unter-
richtsstunden bei Schülern und Konfir-
manden, nicht nur Bibelstunden und
Gemeindeabende, Besuche im Krankenhaus
und bei den Alten, bei Geburtstagen und an
Sterbebetten, es sind auch nicht nur die sogenannten Kasualien (Beerdigungen, Taufen, Trauungen, Goldene Hochzeiten und
dergleichen) und nicht die inzwischen er-
heblich angewachsenen Verwaltungsauf-
gaben oder Bauvorhaben, es ist vor allem das
Zerrissenwerden zwischen geistlicher und
weltlicher Existenz. Das ist heute, im Zeit-
alter der Entkirchlichung, (um nicht zu
sagen Entchristlichung) noch schwerer zu
leisten als damals.

Nicht vergessen dürfen wir die Predigt, die
fast jedes Wochenende zu erarbeiten ist. Es
bedeutet eine große Anstrengung, Sonntag

für Sonntag sein Herz preiszugeben, ohne zu wissen, ob das Gehörte überhaupt im Herzen der Zuhörer ankommt. Auch das ist heute schwerer als früher, weil wir alle überschüttet werden mit zahllosen Informationen und weil wir uns ständig auf technische Vorgänge konzentrieren müssen. Wir finden weder den inneren Raum noch die Zeit, etwas wachsen zu lassen.

Mit dem Reich Gottes verhält es sich wie mit einem Saatkorn. Es mag ein Weizenkorn oder ein Senfkorn sein. Als unscheinbares Etwas liegt es in unserer Hand, von einem größeren Sandkorn in Form und Gestalt nur wenig unterschieden. Ist das unscheinbare Korn, das zu Boden fällt, aus Sand, geschieht nichts. Mit dem Weizenkorn aber geht etwas vor sich, das wundersam ist. Es wächst.

Von heute auf morgen freilich nicht, denn Wachsen braucht Zeit. Während dieser ganzen Zeit hat der Mensch, der das Saatkorn in die Erde gebracht hat, nichts zu tun. Nichts? Der Landwirt tut alles andere als nichts. Zwar kann er die Ernte weder herbeiführen, noch beschleunigen. Aber er wartet im Vertrauen. Alle die Gleichnisse vom Saatfeld

wollen deutlich machen, wie sehr es auf das Ver-
trauen ankommt.

Ach, wie oft erhielten wir ein Saatkorn und
meinten, es sei Sand! Und warfen's weg... .

Mit wachem Interesse arbeitete sich das
junge Pfarrerspaar in seinen Dienst an den
Menschen ein. Wie viele Dinge freilich um
einen einzigen Gottesdienst herum beachtet
werden müssen, das erfuhr Albrecht erst im
Lauf der Zeit. Lächelnd betrachtete er
einmal den Schulaufsatz eines kleinen
Mädchens mit dem Thema: Unser Gottesdienst.

Zuerst läutet es. Dann spielt die Orgel. Dann sin-
gen wir. Dann kommt der Pfarrer und betet mit
uns. Dann steigt er auf die Kanzel und predigt
lange. Dann singen wir wieder. Dann werden wir
gesegnet und die Orgel spielt. Am Schluß gibt mir
meine Mutter das Opfer und sagt dem Pfarrer ade.

Wer von uns hat auch nur eine genaue Vorstellung davon, wieviel Sorgfalt und Mühe
sich hinter diesem »es« verbergen? Wieviel

Wartung brauchen Glockenturm und Läute-
werk, bis das Geläute wirklich »stimmt!«
Auch die Orgel bedarf ständiger Pflege. Wie
viele Stunden mag ein Organist an seinem
Instrument verbracht haben, ehe er einen
Gottesdienst ohne Panne hinter sich bringt?
Und erst der Dienst des Mesners oder Kü-
sters! Ein so großes Haus zu pflegen, bedeutet intensiven Einsatz, am Sonntag wie am
Werktag. Viele Jahre später schreibt Albrecht einmal:

Bei meinen Gemeindebesuchen habe ich die Mes-
nersleute manchmal gefragt:
»Wie lange versehen Sie Ihren Mesnerdienst
schon?«
»Nun – zwanzig, dreißig Jahre«, wurde mir oft
erwidert. Das bedeutet: Sonntag für Sonntag früher
aufstehen, nie am Sonntagmorgen ausschlafen kön-
nen. Aber wie viele dieser Frauen und Männer
haben mir gesagt:
»Mir ist in all dieser Zeit meine Kirche so lieb
geworden, daß mir vor dem Augenblick bange ist,
wenn ich das Amt einmal altershalber abgeben
muß. Ich spüre: der sonntägliche Dienst in der
Kirche wirkt segensreich.«

Gerade als die Arbeit in Ingelfingen sich voll zu entfalten begann, tauchten daheim in Hohebuch große Probleme auf. Die beiden gefallenen Brüder fehlten entscheidend, ich selbst wollte mich nach auswärts verheiraten. Unser Jüngster hatte noch jahrelanges Studium vor sich. Aber der Gedanke, den sogar im Ruhestandsalter noch intensiv auch in der Öffentlichkeit arbeitenden Vater allein zu lassen, war uns allen unerträglich. Wie ließ sich wohl eine Lösung finden?

Der württembergische Oberkirchenrat erlaubte schließlich dem Sohn Albrecht, künftig mit seiner Familie in Hohebuch zu wohnen. Mit Hilfe eines Vikars sollte er sein Pfarramt in Ingelfingen weiterführen. Zugleich sollte er dem Vater bei dessen betriebswirtschaftlichen Entscheidungen beistehen.

»Werde ich denn das alles überhaupt schaffen können?« fragte er sich insgeheim. Allein schon der Weg von Hohebuch nach Ingelfingen und wieder zurück würde viel Zeit verschlingen, denn junge Leute konnten sich damals kein Auto leisten. Er würde die Strecke also mit dem Rad bewältigen müssen (und das Kochertal war steil) oder eben mit der Bimmelbahn, die so gemächlich durch die Wiesen schnaufte, daß man den roten Mohn am Wegrand zählen konnte.

»Vertrauen muß gewollt und gewagt sein. Es gibt keine Sicherheit im voraus, nicht im Großen, nicht im Kleinen.«

So hatte er es oft in seinen Bibelstunden ausgeführt. Nun hatte er dieses Wagnis selbst zu leben.

In der Heimvolkshochschule

1949–1959

Vor etlichen Jahren hat der Amerikaner Riesmann in einem bedeutsamen Buch beschrieben, wie es werden könnte, wenn die Menschheit immer mehr von außen gesteuert wird. Sie werde dadurch auch immer mehr verführbar werden. Dem außengelenkten Menschen stellt Riesmann den innengelenkten Menschen gegenüber. Der innengesteuerte Mensch hat einen eigenen Standpunkt, sein eigenes Urteil, seine eigene unabhängige Meinung. Er muß nicht irgendwo erst nachlesen, was er über diese oder jene Frage denken soll.

Albrecht Hege

Umzug – nach knapp drei Jahren! Klara war eine herzhafte Frau und scheute keine Arbeit; viel mehr fürchtete sie die äußere Umstellung, die mit dem Leben auf dem

großen landwirtschaftlichen Betrieb Hohebuch verbunden war. So gerne hätte sie
Mann und Kinder mit Haus und Garten für
sich allein gehabt! Nun aber sollte sie neue
Pflichten übernehmen und alle Schwierigkeiten mittragen, die sich aus dem Zusammenleben von verschieden gearteten Menschen auf damals recht engem Raum
ergaben. Bald erkannte sie, daß dieses vielgestaltige Leben auch reiche Möglichkeiten
in sich barg. Besonders wertvoll war ihre
Gabe, mit ihrer nimmermüden, aufrichtigen
Freundlichkeit in jungen und älteren Menschen ein Gefühl von »Heimat« entstehen
zu lassen.
Albrechts Schwierigkeiten werden mir erst
nachträglich klar. Er hatte nun, ohne Auto,
zwischen Hohebuch und Ingelfingen hin-
und herzupendeln.

*Das ständige Mit- und Ineinander von wirtschaft-
lichen Überlegungen im Betrieb, daneben Predigt-
und Konfirmandenunterrichtsvorbereitungen war
in der Tat eine ständige Zerreißprobe,* schreibt er
einmal.

Außerdem gab es in dem großen, lebhaften Gutshaushalt keinen einzigen Raum, in welchem er mit Ruhe und Sammlung hätte arbeiten können.

Seine Gehaltsansprüche waren kaum befriedigend gelöst, seine Zuständigkeitsgebiete dauernd fließend und nirgends klar abgegrenzt. Und natürlich war es auch für die ihm zugewiesenen Vikare nicht immer leicht. Mit welchen Gefühlen mag er wohl morgens manchmal aufgestanden sein? Wie notwendig gerade die betriebswirtschaftlichen Kenntnisse für ihn werden sollten, konnte er zu jenem Zeitpunkt noch nicht wissen.

Eine besondere Aufgabe für Vater und Sohn in jener Zeit war der mit viel Idealismus in Angriff genommene Bau einer ländlichen Heimvolkshochschule aus den Trümmern unserer abgebrannten Landbrauerei.

Die Schule war als Lebens- und Glaubenshilfe für die jungen Menschen auf dem Lande gedacht, denn gerade sie brauchten inmitten der sich fast überstürzenden industriellen Entwicklung im Nachkriegsdeutschland dringend Rat und Hilfe. Es war geplant, während der Wintermonate junge bäuerliche Menschen in Sechswochenkursen fachlich und menschlich weiterzubilden. Sie sollten in ihren Dörfern als Persönlichkeiten mit anderen Berufsgruppen Schritt halten können. Unser Vater hatte bei der Planung nicht geahnt, in welche Schwierigkeiten er mit der Führung einer solchen Schule hineingeraten würde.

»Was hab' ich mir da aufgeladen!« Diesen Stoßseufzer hörte ich mehr als einmal von ihm.

Ob Albrecht ihm bei der Leitung der Bauernschulkurse helfen konnte? Mit fünfunddreißig Jahren war er gerade im richtigen Alter. Unausweichlich schien diese Aufgabe auf den jungen Pfarrer zuzusteuern. Dabei hatte er sich alles so ganz anders vorgestellt gehabt! Es war eigentlich ein ganz neuer »Beruf«, den er da anpacken sollte.

»Ich will's versuchen!« sagte er schließlich tapfer.

Mit diesen Bauernschulkursen betrat man weitgehend Neuland. Nirgends konnte man

»abspicken,« denn die bereits vorhandenen Vorkriegsversuche waren inzwischen nicht mehr brauchbar. Aber gerade das war Albrechts Chance. Er wagte sich an neue Formen der Gestaltung. Für die musischen und kulturellen Belange konnte der musikbegabte Diplomlandwirt Dieter Druschel gewonnen werden.

Und so wurden die jungen Bauernsöhne und -töchter in den jeweiligen Sechswochenkursen vielseitig für moderne Lebensfragen aufgeschlossen. Eine französische Lehrerin, die einige Tage in der Schule zu Gast war, sagte beim Abschied: »Ich habe verstanden, was Sie miteinander tun! Sie lernen leben!«

Als Folge dieser Arbeit wurde Albrecht im Jahr 1953 zum Landesbauernpfarrer berufen. Die Kirche hatte erkannt, daß die in Bedrängnis geratene bäuerliche Bevölkerung zu unterstützen und zu begleiten sei. Albrecht erzählt:

Die Zahl der Teilnehmer an den Sechswochenkur-
sen überstieg die Zahl fünfzig. Es mußten Warte-

listen eingeführt werden. Vormittags fand das »Gespräch mit der Bibel« statt. Außerdem reisten bei jedem Kurs Persönlichkeiten des öffentlichen Lebens an, Ministerpräsidenten, Landwirtschaftsminister, Genossenschaftspräsidenten, Landräte, Bürgermeister usw. Und stets war auch bei jedem Kurs wenigstens einmal der damalige Landesbischof Dr. Martin Haug mit dabei. Und alle kamen sie gerne, denn sie mußten keine Referate halten und sich nicht eigens vorbereiten, sondern sie hatten lediglich aus ihrem Fachgebiet Fragen zu beantworten, die ihnen vorher zugeschickt worden waren.

Man probte mit dem Bürgermeister Gemeinderatssitzungen und übte sich im schriftlichen und mündlichen Formulieren. Die Norddeutschen waren darin den Süddeutschen überlegen. Schließlich hatten die Teilnehmer auch immer wieder eigene Referate zu halten. Jeden Abend wurden gemeinsam Merksätze für das Tagebuch erarbeitet. In höchstens vier Sätzen sollte die wesentliche Aussage eines Referates oder eines Gesprächs mit der Bibel wiedergegeben werden. In der zeitlichen Mitte des Kurses kam es häufig zu Krisen: den jungen Menschen war das viele Sitzen und die intensive geistige Beschäftigung fremd, sie mußten oft erst lernen, sicher und unbefangen miteinander umzugehen. Bei solcher Art Schwierigkeiten half meist der große musische Spielraum, etwa mit Singen und Kanontanzen oder Wanderungen und Theaterbesuchen.

Immer wieder wurde es nötig, sich mit betriebswirtschaftlichen Fragen auseinanderzusetzen. Wie wertvoll waren nun Albrechts Kenntnisse, die er auf dem väterlichen Hof erworben hatte! Glaubens- und Lebensfragen gehören zusammen, und für den Theologen war es eine Bestätigung seiner Arbeit, wenn die Kursteilnehmer am Schluß wiederholt betonten, das Wichtigste seien die »Gespräche mit der Bibel« gewesen.
Nicht wenige unter diesen »Bauernschülern« hatten später Verantwortung in Wirtschaft und Politik zu übernehmen (stellvertretend für viele sei Annemarie Griesinger genannt).

Bald wurde Albrecht auch in den Leiterkonvent der Heimvolkshochschulen im westlichen Bundesgebiet berufen, dessen Vorsitz er von 1957 – 1961 innehatte.

Längst sind die Schüler von einst ins Ruhestandsalter eingetreten, aber sie treffen sich noch regelmäßig und bitten ihren ehemaligen Leiter Albrecht Hege, mit dabei zu sein. Und jedesmal ist bei solchen Zusammenkünften zu hören: »In diesen sechs Wochen haben wir mehr gelernt als sonst in ebenso vielen Jahren.«

Eine besonders reizvolle, wenn auch arbeitsaufwendige Aufgabe war mit der Gründung einer *»Monatszeitschrift für junge Menschen auf dem Lande.«* verbunden. Sie erhielt den Titel *»Das Junge Dorf«* und erreichte schon in der ersten Ausgabe ein erstaunliches Niveau. Bald stieg die Auflagenhöhe auf über 10 000, was damals sehr viel war. Ein Team von engagierten Mitarbeitern fand sich zu den Redaktionssitzungen zusammen. Obwohl ich mit Namen sparsam umgehen will, seien hier doch einige dieser Redaktionsmitglie-

der genannt: Helmut Pfeiffer (später Prälat in Reutlingen), Helmut Class (später Bischof), Susanne Graffam und Christa Weiss vom Burckhardthaus, Ulrich Kabitz (Lektor des Bonhoeffernachlasses) Ernst Lange (Autor einiger hervorragender Bücher) und als Grafiker der unvergessene, erfrischende Robert Eberwein. Mit viel Schwung gingen diese jungen Leute an die Gestaltung der einzelnen Hefte heran, oft wurde bis nach Mitternacht getagt. Aus einem Teil der Artikel entstand das liebevoll gestaltete Buch mit dem Titel: *»Auf dem Weg zu dir.«*
Wie Albrecht diese vielfältigen Aufgaben meisterte, ist mir heute noch schleierhaft.

Mit der Zeit bildeten sich erfreuliche Kontakte zu anderen Heimvolkshochschulen, etwa zum Hesselberg im Frankenland oder zu Hermannsburg im Norden. Auch der Bayerische Mütterdienst unter Antonie Nopitsch und Lieselotte Nold muß erwähnt werden, denn gerade die Landfrauenarbeit in Franken gewann durch Albrechts Initiative viele Anregungen.

Inzwischen war unser jüngster Bruder in Hohebuch, Hans-Ulrich, mit seinem landwirtschaftlichen Studium fertig und verlobte sich mit Magdalene Zeller. Albrechts Familie brauchte also eine neue Wohnmöglichkeit, auf dem Hof wurde es zu eng. Deshalb erstellte unser Vater am Rand der Hohebucher Felder ein hübsches, kleines Haus, und durch das helle Wohnzimmerfenster konnten alle Kinder (es waren inzwischen vier) Saat und Ernte, Frühlingswolken, Herbstnebel und Winterruhe beobachten. Klara pflanzte sofort eine Fülle von Blumen rings um das Haus. Meist kamen Paten- oder Nachbarskinder zu Besuch, und ich sehe die anmutige junge Mutter noch vor mir, wie sie, inmitten ihrer Blumen von den Kleinen umringt, fröhlich mit ihnen spielte. Es waren glückliche Jahre, vielleicht die glücklichsten im Leben der jungen Familie. Die Bauernschularbeit stand in voller Blüte, und auch wenn uns allen bewußt war, daß man solch eine intensive und jugendbetonte Aufgabe nur bis zu einem gewissen Alter auf sich nehmen kann, so ahnten wir dennoch nicht, wie rasch sie vorübergehen sollte.

Ja, ich muß im Blick auf Albrechts Leben manchmal an einen Trapezkünstler denken. Kaum hat er sich auf das schaukelnde Trapez geschwungen und fühlt sich sicher sitzen, erkennt er bereits, daß er es wieder loslassen muß, um das andere Trapez zu erreichen. Dazwischen geht es in die Tiefe. Er muß dem unter ihm ausgespannten Netz vertrauen und sich danach mit kühnem Schwung in Neues wagen!

Im Jahr 1959 kam eine Anfrage von Landesbischof Dr. Martin Haug. Er bat Albrecht um die Übernahme der Prälatur Heilbronn. Der alte Prälat Lempp, der drei Söhne und einen Schwiegersohn im Krieg verloren hatte, bedurfte dringend einer Ablösung. Der Bischof räumte nicht viel Bedenkzeit ein.
»Sie würden mich in eine große Verlegenheit bringen, wenn Sie ablehnen wollten!« sagte er mit bestimmendem Ernst.

Das evangelische Württemberg umfaßte damals vier Prälaturen: Ulm, Reutlingen, Stuttgart und Heilbronn. Die Prälatur Heilbronn reichte von Bad Mergentheim im

Norden bis Schorndorf im Remstal und von Crailsheim bis Maulbronn. Sie umfaßte achtzehn Dekanate und etwa fünfhundert Pfarrämter.

Wußte der Bischof nicht, wie viele treu gediente, fleißige Dekane bereits auf dieses begehrte Amt warteten und gleichsam in den Startlöchern saßen? Ein Prälat sollte auf der Stufenleiter des Dienstes ergraut sein und ein wenig über dem Erdboden schweben. Und nun sollten sie, die älteren Dekane, von solch einem jungen, unerfahrenen Menschen visitiert werden? Ein starkes Stück, wahrlich! Man konnte wieder einmal, wie schon oft, irre werden an der Kirchenleitung.

Die nun folgenden Tage der Entscheidung waren wohl die härtesten in Albrechts und Klaras Leben. Ein solches Amt bedeutete für die Familie nicht nur das Verlassen des zur Heimat gewordenen Hauses inmitten von Feldern und Wiesen, nicht nur den Schulwechsel der Kinder, es türmten sich, abgesehen von der zu erwartenden Empörung mancher verschnupften Dekane, noch andere Schwierigkeiten vor Albrecht auf. Konnte er vor allem die liebgewordene Arbeit in der Heimvolkshochschule einfach abschneiden, wie man Fäden abschneidet? Es handelte sich doch um Menschen! Würde der Gewissenskonflikt zwischen Beruf und Familie nicht noch größer als bisher? Die Jüngste ging ja noch nicht einmal zur Schule! Und erdrückte am Ende die manchmal so festgefahrene Institution »Kirche«, der diese Arbeit weithin verhaftet war, nicht das lebendige Evangelium in ihm? Außerdem würden in diesem Amt, das damals noch sehr autoritätsbeladen war, alle anderen Menschen einen Schritt zurücktreten, so daß die beglückende menschliche Nähe, die er bei den Bauernschülern gefunden hatte, verlorenging. In solch einer Stellung würde er immer auf andere zugehen müssen, und das fiel ihm schwer. Und würde er, der Übersicht, Ordnung und gründliches Arbeiten liebte, in diesem Chaos übervieler Beanspruchung überhaupt zurechtkommen?

Als die Zeitungen nach einigen Tagen Albrechts Berufung zum Prälaten bekannt-

gaben, waren wir, die wir in seiner Nähe leb-
ten, zuerst schon ein wenig bedrückt. Nicht
nur, daß wir den Bruder weitreichend an
sein Amt abzugeben hatten, sondern auch,
weil wir erkannten, daß er nicht leicht an der
neuen Verantwortung tragen würde. Nur
mein Vater freute sich ohne Vorbehalt.
Wenn ihn später bei irgendeinem Empfang
eine hochgestellte Persönlichkeit etwa
herablassend fragte:

»Soso, Sie sind also der Vater des Prälaten?«
Dann entgegnete er schelmisch:

»Nein, nein, der Prälat ist mein Sohn!«

Die Prälatur Heilbronn

1959 – 1983

Autorität wird in unserer Zeit haben, wer auf seine Autorität verzichten kann. Autorität ist dann wirklich Autorität, wenn sie nicht zwingt, sondern befreit. Ohne Autorität kann unsere moderne Gesellschaft nicht bestehen. Was uns heute zu schaffen macht, ist der Mangel an Autorität, nicht ein Zuviel, sondern ein Mangel an glaubwürdiger Autorität. Autorität darf nicht erdrücken. Autorität kann leiden. Es besteht eine enge Beziehung zwischen dem Leiden und dem Leiten. – Wird nach alledem unsere Kirche nicht ein Ort sein müssen für eine Autorität, die befreit und für eine Freiheit, die sich unterstellt?

Albrecht Hege

Wie elend kann einem zumute sein, wenn man nach einem anstrengenden Umzugstag am Abend in der noch unfertigen Wohnung auf seinen Kisten sitzt, und alles ist fremd: die Räume, die Hausbewohner, die Stadt und die Geräusche von der Straße herauf, die Gerüche, die Beleuchtung, die aus einer von der Decke hängenden Glühbirne besteht.

»Mir bleibt nur ein Ausweg, ich muß mir gegen diese Trostlosigkeit Mut antrinken!« sagte Klara, die normalerweise kaum einen Schluck Schnaps hinabzuwürgen vermochte! Die Umstellung von der freien Weite der Hohebucher Felder in die Heilbronner Stadtmitte, mit noch unbekannten Mitbewohnern über und unter sich, hätte kaum größer sein können. Wenn man der Familie gesagt hätte: »In zehn Jahren wird Heilbronn euch eine wirkliche Heimat geworden sein!«, Klara hätte es nicht geglaubt.

Das herrliche Geläut der Kirche von St. Kilian[1] in Heilbronn hat nicht oft so viele Menschen zusammengerufen wie an jenem Septembersonntag des Jahres 1959, als der

[1] Die im Krieg völlig zerstörte Kirche war unter Dekan Dr. Günter Siegel wieder in ehemaliger Schönheit aufgebaut worden.

neue Prälat sein Amt übernahm. Würde es ihm gelingen, klar zu machen, wie er dieses Amt verstand?

»Ich aber bin unter euch wie ein Diener!« (Lukas 22/27). Es war eine große Hilfe für ihn, daß er schon von der ersten Stunde an spürte: Die Kilianskirche wird mir zur Heimat werden.

Bescheiden stand der junge Prälat im Kreis der älteren, stattlichen Pfarrer und Dekane. Am klugen, aufmerksamen Gesicht des Bischofs konnte man ablesen, was er dachte: Ja, lernt ihr nur alle etwas vom Wandler der Größenordnungen und Wichtigkeiten, ihr, die ihr euch nach seinem Namen Christen nennt! Und sie lernten es, die Dekane, sämtlich älter als der ihnen vorgesetzte Prälat. Bald erwuchs ein vertrauensvolles Miteinander, trotz der anzuordnenden Visitationen.

Auch in der Heimvolkshochschule Hohebuch lösten sich die Sorgen durch gute Nachfolger, zuerst durch Pfarrer Otto Schaaf und später durch Pfarrer Gerhard Weimer.

Wenn in jenen Jahren der Prälat predigte, war die Kilianskirche meist bis auf den letzten Platz besetzt. Und wenn dazu noch das Vokalensemble sang oder die Orgelmusik des Kantors und späteren Kirchenmusikdirektors Hermann Rau durch die hohen gotischen Säulen schwang, dann wurde auch für kirchenferne Leute die »nur mal so« von der Straße in einen Gottesdienst reinschmecken wollten, diese Stunde zu einem prägenden Erlebnis. Dies wurde mir von vielen Seiten bestätigt.

Freilich, die Bitten um Vorträge, Kirchen- und Gemeindehauseinweihungen, um Hochzeiten, Beerdigungen, um Artikel und »Grußworte« zu allen möglichen und unmöglichen Anlässen prasselten von Anfang an wie ein Platzregen über den jungen Prälaten herein. Unzählige neue Menschen galt es kennenzulernen. Zwar hatte er jetzt einen Dienstwagen mit einem verschwiegenen Fahrer, und im Vorzimmer arbeitete eine tüchtige Sekretärin, aber der Briefträger brachte jeden Tag Berge von Post, das Telefon stand kaum still – und dabei hatte Albrecht sein Büro noch gar nicht richtig aufgebaut.

Oft kam er erst am Nachmittag zur Skizzierung eines Vortrags, den er am Abend zu halten hatte und dabei erwartete man natürlich stets etwas Besonderes, Erstklassiges, ganz und gar Neues.

Albrechts Sorge, bei all den Anforderungen und der Hektik manchmal ins Schleudern zu geraten, war groß.

Politisch waren die Zeiten immer noch recht unruhig: Am 13.8.1961 wurde der Osten Deutschlands durch eine Mauer abgeriegelt, eine fast mittelalterlich anmutende Tat. Württemberg war geschützter als andere Länder, es hatte keine Grenzen »nach außen.« Das gab dem Ländchen zwar etwas Geborgenes, aber es enthielt auch die Gefahr des Provinziellen, nicht zuletzt im kirchlichen Raum.

Im folgenden beschreibt der neue Prälat (in Ausschnitten) in einigen Sätzen seine Prälatur, die etwa eine halbe Million evangelische Gemeindeglieder umfaßte.

Fangen wir im Remstal bei Schorndorf an! Dem Besucher dieser Gegenden wäre zu wünschen, daß er neben sich einen orts- und geschichtskundigen Freund hat, der ihm erzählen kann: dort unten ist beispielsweise Beutelsbach mit einer alten und interessanten Geschichte... Volkreich waren die Dörfer im Remstal immer, reich waren sie nie. Aus kaum einer anderen Gegend sind in der Mitte des 19. Jahrhunderts so viele Familien ausgewandert; man muß sich nur einmal die Kirchenbücher zeigen lassen... In diesen Dörfern hat am Sonntagnachmittag »die Stunde« das dörfliche Leben weithin geprägt. Wer aber der Meinung ist, der Remstäler Pietismus habe sich auf private Frömmigkeit beschränkt, der muß nach Stetten gehen und sich das große Werk zeigen lassen, das sich um viele Hunderte von behinderten Kindern annimmt. Oder in Winnenden nach der Paulinenpflege für die Gehörgeschädigten fragen. Werke der Nächstenliebe, gerade aus den »Stundenhäusern«! ...Heute verbindet eine Schnellstrasse und die S-Bahn die Remstaldörfer bis Backnang und Marbach hinauf – und trennt sie zugleich. Neben den alten Dorfkernen entstanden große Neubaugebiete, es bedarf erheblicher Mühe, einander zu helfen, daß es nicht beim gegenseitigen Fremdsein bleibt...

Nun kommt das Unterland, etwa von der Neckar-schleife bei Besigheim und Lauffen bis nach Gundelsheim. Kaum irgendwo kann einem das Unterland so eindrücklich vor Augen sein, als wenn man an einem hellen Maimorgen von Heilbronn aus über den »Sattel« auf Weinsberg zuwandert. Ein gesegnetes Land, in dem Wohlhabenheit in vielen Generationen zu Hause war. Dort freilich, wo sich die Straße zum Gebiet des Mainhardter Waldes hinaufwindet, sah es anders aus. Karge Böden, kleine Häuser, wenig Verdienst. Wie bitter die Not war, können einem die alten Leute in den kleinen Weilern noch lebhaft erzählen. Deutlich besser haben es die Dörfer west-wärts, an der Zaber entlang. Das heutige Landschaftsbild wird von dem eindrucksvollen Weinsberger Autokreuz geprägt. Wer Wehmut darüber empfindet, muß sich sagen lassen, daß nur über diese Straßen die Leute vom Wald zur Arbeit nach Neckarsulm oder nach Heilbronn fahren können. Wie haben all diese Dörfer ringsum sich herausgeputzt! Von dem Verdienst der Landwirtschaft wäre das nie möglich gewesen. Es ist die Industrie, der dieser Aufschwung zu verdanken ist...

Und jetzt Hohenlohe: da hat man sich immer ein wenig »unter sich« gehalten. Schon die Römer haben ihren Limes bei Öhringen aufhören lassen und sich nicht weiter ins Hohenlohesche gewagt. Crailsheim, Gerabronn, Creglingen und das ganze Umland haben durch viele Generationen zum bayerischen Fürstentum Ansbach-Bayreuth gehört. Die ansbachische Kirchenordnung muß verstanden haben, ihren Leuten den Gottesdienst lieb zu machen. Noch heute können diese Gemeinden von sich sagen, daß ein Dorf von vierhundert Einwohnern mehr Gottesdienstbesucher hat als anderswo Gemeinden mit viertausend...

Die Dörfer in Hohenlohe sind von Entvölkerung bedroht. Sie sind deshalb doppelt dankbar, daß weiterhin der Pfarrer noch am Ort geblieben ist und daß im Pfarrhaus die Fenster oft bis spät in die Nacht erleuchtet sind. Die Leute möchten ihm helfen, sich zurechtzufinden, weil er oft der Einzige ist, der nicht im Dorf geboren und aufgewachsen ist...

Ja, vielseitig ist das Gesicht der Prälatur Heilbronn. Da sind die alten Reichsstädte – Schwäbisch Hall, Heilbronn, Bad Wimpfen. Besonders reizvoll auch die mit Schlössern gekrönten Höhen wie Waldenburg oder Langenburg. Fast jedes Dorf am Lauf von Kocher und Jagst hat sein Kleinod und da ist *außerdem noch Neuenstein, Weikersheim oder Schwaigern – des Aufzählens wäre kein Ende. Ein Stück Land, das jeder lieb gewinnt, der es kennt...*

Neben der »Seelsorge an den Seelsorgern« ist es die Aufgabe des Prälaten, den Pfarrerwechsel in den Dörfern und Städten seines Sprengels zu begleiten. Oft waren mehrere Abende in der Woche mit »Wiederbesetzungssitzungen« belegt. Da konnte man sie dann unverfälscht erleben, die Schwaben und die Franken mit ihren so verschiedenen Dialekten, in die man sich erst einhören mußte.

Es fehlt nicht an Originalen in diesen Landstrichen. Albrecht lernte sie gut kennen: die Dickköpfe, die Bescheidenen und die großartigen Charaktere, die Ehrgeizigen und die Schwerfälligen, die Wichtigtuer und die Schlauköpfe. Da waren Handwerker, Bauern, Arbeiter, Beamte und Freischaffende. Sie trugen ihm bei einem Pfarrerwechsel unbeschönigt ihre Wünsche für den künftigen Seelenhirten vor. Gar manchmal konnte er ein kleines Lächeln kaum verbergen, wenn gar so ungeheure Erwartungen ausgespro-

chen wurden. Manche Menschen wollen es
durchaus nicht wahr haben, daß auch der
Pfarrer ein normaler Sterblicher ist. Einmal
sagte Albrecht zu einem Gremium ehrwür-
diger Kirchenältester:

»Leutle, i glaub' ihr müßt euch euren Pfarrer
backe! Was ihr euch wünschet, kann koiner
schaffe!«

Da blickte ihn ein redlicher Schwabe gar
treuherzig an und meinte:

»Eigentlich wünsche mr uns bloß ois, Herr
Prälat, schicke Se uns oin, der uns mag!
Mehr braucht's net!«

»Einander mögen« – das war manchmal
leichter gesagt als getan. Denn obwohl die
bildhübschen Dörfer an Neckar, Kocher,
Jagst, Tauber, Rems, Zaber, Sulm oder Enz
zwischen Wiesen, Feldern und Weinbergen
lieblich hervorlugten, so sah es doch hinter
den Fenstern der traulichen Häuser oft anders aus. Da kochte der Neid, brodelte der
Haß, pflanzte sich ruhelos der Erbstreit von
Generation zu Generation fort. Da gab es
festgefügte Sitten, an die um keinen Preis
der Welt gerüttelt werden durfte, selbst
wenn sie der jungen Generation unsinnig

119

schienen. Nicht jedem Pfarrer gelang es, verhärtete Strukturen aufzubrechen und die merkwürdigen Gepflogenheiten von einander auf den Tod verfeindeten Verwandtschaften zu durchschauen... Hier kamen dem Prälaten die einstigen Gespräche mit seinen Dorfkindern aus der Heimvolkshochschule sehr zustatten. Nein, lebensfremd konnte er bei solchen Anforderungen nicht werden!

Ob er es den Gemeinden und ihren Pfarrern immer recht machen konnte? Gewiß war er den einen zu liberal und den andern zu fromm, den einen zu streng und den anderen zu milde. Wer sich einsetzt, der setzt sich aus. Die Pfarrer waren ja auch nicht immer nur geisterfüllte Idealgestalten; gar manchmal geriet seine christliche Langmut an ihre Grenze. Es gab auch Gemeinden, die enttäuschten und denen es niemand recht machen konnte. Im allgemeinen aber bemühten sie sich um Verständnis. Die opferbereite Treue vieler Gemeindeglieder bewegte ihn oft.

Mit der Zeit lernte er Pfarrer und Gemeinden gut kennen und wußte in etwa, wer zu wem passen könnte. Im übrigen merkte er rasch, daß der unbestechlichste Richter für sein Tun und Lassen in ihm selbst wohnte und daß ihn dies unabhängig machte von der Meinung anderer Leute.

Die Zeiten ändern sich

1965 – 1968

Der Fortschritt der Menschheit ist zutiefst ambivalent. Jeder Schritt nach vorne enthält zwei Schritte zugleich, ein Element des Aufbaus und ein Element der Zerstörung, ein Element der Hoffnung und ein Element der Bedrohung. Welches der beiden Elemente am Ende die Oberhand gewinnen wird, ist unbekannt. Das Wort Fortschritt endet mit einem Fragezeichen. Wohinter steht heute das Fragezeichen nicht? Es steht hinter Werten, die auf immer gültig schienen. Es steht hinter Ordnungen, die Jahrtausende überdauert haben. Es steht hinter Autoritäten, die als unerschütterlich galten. Was wird bei so vielen Fragezeichen aus unserem Vertrauen? Ach, wo das Vertrauen geschwunden ist, lebt es sich schwer. So sinnt man auf Flucht ... Für Jüngere gibt's den Fluchtweg aus Protest. Man ist dagegen. Man steigt aus.

Albrecht Hege

Als Mitglied der württembergischen Kirchenleitung hatte Albrecht jeweils einen Tag in jeder Woche beim evangelischen Oberkirchenrat in Stuttgart zu verbringen. Jahrzehntelang galt der Dienstag als unantastbar, sogar die Urlaubszeiten hatten sich in etwa danach zu richten. Die vier Prälaten und möglichst auch der Bischof tagten jeweils miteinander und berieten die anfallenden Probleme.

Durch die Frauenemanzipation tauchten neue Fragen auf. Die Theologinnen ließen sich die Führung eines Pfarramtes nicht mehr streitig machen. Württemberg gehörte hierin zu den fortschrittlichen Landeskirchen, die sich frühzeitig den gesetzlich gleichberechtigten Frauen öffnete und es wagte, ihnen auch höhere Ämter zu übertragen. Schon die ersten Pfarrerinnen überzeugten durch ihre Leistung.

Als einmal in einer Gemeinde eine Pfarrerin für einen beurlaubten Kollegen die Beerdigung eines älteren Mannes übernehmen sollte, sträubte sich die Witwe zuerst heftig:

»A Weib kommt mir nie an de Sarg von mei'm Mann!« Aber es war nichts zu machen. Nach der Beerdigung sagte die getröstete Frau: »Bloß Weibsleut sollt mr des mache lasse! Die habe viel mehr Gemüt und au a feinere Stimm.«

Im Lauf der Zeit eroberten tatkräftige Kirchengemeinderätinnen endlich auch die männlichen Domänen. Sie bewährten sich überall und trugen viel zur inneren Beweglichkeit bei.

Zu Albrechts Prälatur gehörten auch zwei herausragende Werke der Diakonie, deren Vorsitz er besonders gerne wahrnahm. Zum einen war es die Paulinenpflege in Winnenden. Sie entstand in der Zeit des großen diakonischen Aufbruchs vor über 170 Jahren und nimmt sich vor allem der Gehörlosen, Taubstummen und Sprachbehinderten an, unterhält Schulen, diakonische Werkstätten und Berufsbildungswerke. Mehrere hundert Mitarbeiter setzen sich unermüdlich ein. Bis heute begleitet Albrecht das Amt des Vorsitzes bei den Mitgliederversammlungen, und jedesmal tut ihm die Atmosphäre dort gut.

Noch umfangreicher als die Paulinenpflege ist das über hundert Jahre alte Diakoniewerk in Schwäbisch Hall, wo Albrecht den Vorsitz des Verwaltungsrates bis zum Jahr 1993 innehatte. Im Volksmund wird die segensreiche Stadt auf dem Berg einfach »das Diak« genannt. Sie umfaßt Krankenhäuser, Alten- und Behindertenheime, Ausbildungsstätten für Krankenpflege und vieles andere. Ihr Ruf reicht weit über das Hohenloher Land hinaus. Wer je einmal zur Notaufnahme den Berg zum »Diak« hinaufgefahren wurde, den tröstete die eindrucksvolle Bronzeplastik von Ulrich Henn »Sturm auf dem Meer«. Eine Bäuerin erzählte mir:
»Als ich sah, wie der Heiland seine Arme über meiner Ankunft ausbreitete, glaubte ich plötzlich, daß ich meine Operation überstehen werde.«
Besonders eindrucksvoll ist im »Diak« der Gang zum blumengeschmückten Schwesternfriedhof. Wie viele junge Frauen haben sich in den hundert Jahren als Diakonissen ohne »Wenn« und »Aber« in den Dienst am leidenden Mitmenschen gestellt! Gewiß waren auch sie Menschen, nicht nur Engel.

Dennoch verläßt man diesen Ort stets getröstet und weiß plötzlich wieder, daß das Gute zwar stiller, aber desto stärker wirkt als alle Bosheiten der Welt.

Auf Wunsch der Schwesternschaft wurde in den Sechziger Jahren die Auferstehungskirche gebaut. Die Gottesdienste, die Albrecht dort immer wieder bei den vielen im Dienst und im Glauben gereiften Menschen halten durfte, gehören zu den schönsten Erlebnissen seines Predigtamtes.

Inzwischen wurde in Heilbronn ein eigenes Prälaturgebäude mit Wohnhaus erstellt. Klara legte sogleich einen zauberhaften Garten ums Haus herum an. Nun hätten endlich auch alle Kinder ausreichend Platz gehabt, aber sie begannen in dieser Zeit mit ihrem Studium und waren nur noch übers Wochenende zu Hause. Klara hatte inzwischen den sechsten Umzug hinter sich.
»Trotz meiner Übung im Umziehen«, meinte sie heiter »möchte ich nur noch einen einzigen Umzug: den ins eigene Ruhestandshaus.« Vorsorglich erwarb sie in der

Nähe von Heilbronn einen schönen Bau-
platz. Sie träumte von einem eigenen Garten, den sie nicht mehr immer gerade dann
im Stich lassen mußte, wenn er in schönster
Blüte stand. Nachdem die Kinder ausgeflo-
gen waren, übernahm sie in Heilbronn den
Vorsitz des evangelischen Mädchenwerks
zusammen mit der Herrenberger Diakonieschwester Eva-Maria Reitz.

Es war schade, daß die Kinder wegen ihres
auswärtigen Studiums das geräumige Haus
nicht häufiger nutzen konnten. Sie standen
mitten in der Ablösungsphase; aus der Geborgenheit eines warmen Elternhauses heraus sind solche Jahre immer besonders
schwierig. Auch fiel dieser Lebensabschnitt
gerade in die Zeit der 68er Revolution, die
über alle Universitäten hereinbrach. Jede
Art von Ordnung und Autorität wurde über
den Haufen geworfen. Es war eine turbu-
lente Zeit, deren Unruhe in alle Veranstal-
tungen weltlicher und kirchlicher Art ein-
drang. Selbst die Heiligabendgottesdienste
in St. Kilian brauchten polizeilichen Schutz.
Die großen Gottesdienste, die besonders

gerne gestört wurden, standen in jener Zeit jedesmal wie ein Berg vor dem Prälaten, denn die damals vom Schicksal verwöhnten Jugendlichen waren unberechenbar. Es war schmerzlich, daß die an sich guten und notwendigen Initiativen der Jugendrevolutionen so rasch von fast kriminell zu nennenden Kräften aufgegriffen wurden und entarteten, so daß keine konstruktiven Neuansätze gelingen wollten.

Besonders aufregend ging es im Jahr 1969 beim Stuttgarter evangelischen Kirchentag zu. Albrecht leitete die Arbeitsgruppe »Streit um Jesus« in der großen Halle 6. Die Wogen der erregten Diskussionen gingen hoch. Trotz eines guten Mikrofons schaffte man es nicht, die rund zehntausend Zuhörer still zu halten. Schließlich folgte ein wild gerufener Antrag:
»Die Leitung absetzen!«
Andere Teilnehmer riefen:
»Fair sein und abstimmen!«
Und siehe da – gegen den Antrag zur Absetzung flogen über achttausend Arme hoch. Es waren also nur wenige Unruhestifter gewe-

sen, die, wohl bewußt aus Freude am Chaos, zerstörerisch wirken wollten.

Die oppositionellen Jugendlichen von damals haben heute selbst wieder heranwachsende Kinder, die nun meist sehr angepaßt sind aus lauter Sorge, sonst keinen Arbeitsplatz zu bekommen. Viele wirken pessimistisch und resigniert. Auch wenn wir die Jugendrevolutionen nicht zurückwünschen möchten, so empfinden wir doch eine leise Wehmut im Gedanken an so viel unfruchtbar gebliebenen, verpufften Schwung und Idealismus, gerade bei den Gutgesinnten.

Ebenfalls im Jahr 1969 stand wiederum die Wahl eines Bischofs an. Das ist immer eine mühsame Sache, auch wenn nicht gerade ein Räuchlein aufsteigen muß wie bei der Papstwahl. Die Synode hatte zu wählen. Für Eingeweihte war vorauszusehen, daß schließlich nur noch zwischen Albrecht Hege und Helmut Class entschieden werden mußte. Die beiden Männer waren Freunde und hatten zuvor vereinbart, daß derjenige mit Stimmenminderheit, und sei es auch nur eine einzige Stimme, sofort zurücktreten werde, damit der andere danach die erforderliche Zweidrittelmehrheit erreichen könne.

Für uns Daheimgebliebene, die wir die Wahl am Telefon verfolgten, war der Tag aufregend. Immer wieder wurden neue Wahlgänge nötig. Albrecht lag meist vorne. Klara war ein wenig verzweifelt.

»Einem erneuten Amtswechsel fühle ich mich einfach nicht mehr gewachsen«, seufzte sie. »In solch einer Stellung muß man immer den ersten Schritt auf andere zugehen, und das kostet unendlich viel Kraft.« Lächelnd erinnerte ich mich an meine Kinderjahre, als ich dachte: Man muß beten, daß er durchfällt ...

Als den Heilbronner Wählern plötzlich klar wurde, daß sie ja ihren Prälaten ans Bischofsamt verlieren würden, gaben sie dem Stuttgarter Helmut Class ihre Stimme. Er wurde Bischof, Albrecht sein Stellvertreter, zehn Jahre lang das ungetrübte Miteinander von Freunden. Auch bei Class' Nachfolger, Bischof von Keler, blieb er Stellvertreter bis zu seinem Abschied vom Beruf.

Je länger Albrecht in seinem Amt war, desto klarer wurde ihm, daß er sorgfältiger auf seine Gesundheit achten müsse, wenn er den Belastungen auf die Dauer gewachsen sein wollte. Die vielen Autofahrten, Sitzungen, Besprechungen und Vorträge, manchmal auch die Festessen, ließen bei großer geistiger Beanspruchung zu wenig Raum für körperliche Bewegung. Zum Spazierengehen blieb kaum Zeit. So trainierte er sich als Frühaufsteher vor Tagesbeginn konsequent mit dem Heimtrainer und mit gymnastischen Ausgleichsübungen. Auch das autogene Training hat er erlernt, damit das »Abschalten« bei Ärgernissen, die es natürlich immer wieder gab, besser gelingen konnte. Inzwischen hatte sich auch das Problem seiner allzu großen Jugend gelöst, er war nun über fünfzig, eingearbeitet und im Erfassen aller anfallenden Fragen geübt.

Daß bei solch starker Beanspruchung die Urlaubszeiten richtig genutzt wurden, darauf achtete vor allem Klara. Die Kinder sollten im Urlaub mit dem Vater wandern, spielen und Gespräche führen.

Meist fuhr die Familie in die Schweiz oder ins benachbarte Österreich. Im Ausland war man bei wachsendem Bekanntheitsgrad vor Begrüßungen aller Art besser geschützt. Albrecht hatte es anfangs oft genug erlebt, daß jemand freudestrahlend auf ihn zustürzte:

»Ei sieh, der Prälat ist auch hier!«

Er wollte aber im Urlaub nicht Prälat sein, sondern einfach nur Mensch, Vater und Ehemann.

Einige Urlaubsgedanken von Albrecht:

Die Urlaubsbilder sind da! Reihum gehen sie von Hand zu Hand. Viele sind wohlgelungen. Wir finden es selber, und denken: könnte ich doch immer so aussehen, so entspannt, so irgendwie ganz!

Es muß an unserem Alltag liegen, daß es nicht so ist. Er bringt uns in Spannung. Er zerstückelt unseren Tagesablauf. Im Urlaub ist es anders, da können wir eher wir selber sein. Wäre doch immer Urlaub! Wäre das aber gut? Alle Tage gleichsam Torte und Schlagsahne oben drauf?

Ob der Urlaub gelingt, hängt nicht eigentlich von großen Erlebnissen ab. So sehr Alltag und Urlaub verschieden sind, eines haben sie gemeinsam: ob sie gelingen, entscheidet sich in aller Regel an Kleinigkeiten.

Ich denke an den netten alten Herrn, der sich heute noch vom Sessel erhebt, wenn seine Frau nach längerer Abwesenheit wieder ins Zimmer tritt. Kleine Zeichen der Achtung im täglichen Leben!

Oder: An der Box mit der Zeitung hing am Morgen ein Zettel: »Danke, daß Sie uns jeden Morgen so früh und pünktlich die Zeitung bringen!«

Eine Geschäftsfrau, drei kleine Kinder, der Mann nach einem Unfall behindert. Ein Urlauber fragt: »Wie schaffen Sie das nur alles!«

Die Frau strahlt, als hätte sie ein Geschenk bekommen.

»Das hat mich in all den Jahren noch niemand gefragt.«

Zeichen des Achtsamseins, bewußt den vielen Achtlosigkeiten unserer Tage entgegengesetzt: Worte, Blicke, Gesten, die sich zur Wehr setzen gegen die Mißachtung von Dingen und Menschen, Gegenzeichen gegen das verächtliche »nur«. »Nur« ein Kind, »nur« eine alte Frau, »nur« ein Ausländer, »nur« ein Behinderter. Die Achtung vor dem

Mitmenschen ist ein Teil des höchsten Gottesgebotes: »...achte ihn – wie dich selbst!« Im Urlaub haben wir mehr Zeit und Kraft, um solche Achtsamkeit zu leben.

Und noch etwas: Wer in einer Gemäldesammlung vor einem einzigen Bild steht, versunken in das Werk dieses Künstlers, kann mehr gesehen haben als einer, der von Bild zu Bild gegangen ist. Eins ist mehr als vieles?
Mathematisch stimmt es nicht. Und doch – sind mehr Eindrücke, Attraktionen, Erlebnisse wirklich mehr? Kann weniger mehr sein?
Weniger kann durchaus mehr sein. Darüber nachzudenken, dafür ist mir im Urlaub Zeit geschenkt. Zeit zum Innehalten, Zeit zum Schauen, Zeit für die Aufmerksamkeit im Kleinen. Zeit, um sich dem aufzutun, was die Seele braucht. »Die Bekanntschaft mit einem einzigen guten Buch«, schreibt Marcel Proust, »kann ein Leben verändern.«

Der Abschied

1974

*Gesund sein, wieder gesund sein, ist ein Geschenk.
Schon unser körperliches Ergehen sagt uns, daß wir
aus Voraussetzungen leben, über die wir nicht ver-
fügen. Heil werden ist dem gegenüber die noch
höhere Dimension. Das zeigt sich auch daran, wo
die Gesundheit nicht wieder gekommen ist. – So
manches Krankenzimmer ist zu einem Ort des Se-
gens geworden. So muß es die leidende Frau erkannt haben, die sagen konnte: »Ich danke mich
durch!« Annemarie Tausch schreibt: »Ich habe in
meiner Krankheit erkannt, daß es so etwas gibt wie
eine innere Karriere.«*

Albrecht Hege

An ihrem 57. Geburtstag sagte mir Klara am
Telefon:
»Ich hab' eine nasse Rippfellentzündung,
kann aber auf sein. Kommt trotzdem alle

zum Kaffee, ich freu' mich so sehr auf euch!«
Da Klara zeit ihres Lebens gesund gewesen
war, machten wir uns keine ernsteren Gedanken.

Bei einem Allgäu-Urlaub im Frühsommer
1974 hatte sie erneut mit gesundheitlichen
Störungen zu kämpfen. Nachdem sie wieder
einigermaßen hergestellt war, kehrte sie
heim und machte sich sogleich mit ihrem
Mann auf den Weg zum noch unbebauten
Platz ihres zukünftigen Ruhestandshauses.
Sie freute sich so sehr auf etwas Eigenes, und
sie wollte viel Zeit haben, um den Bau und
die Anlage des Gartens gründlich zu überlegen. Ja, und auch ein wenig von einer ruhi-
geren Zukunft träumen, in der sie ihren
Mann wieder mehr für sich und die Familie
haben konnte.
Der Ausflug strengte sie über Gebühr an.
Schließlich schaute sie in das blasse, traurige
Gesicht ihres Mannes, der kurz zuvor vom
Arzt über ihren aussichtslosen Krebsbefund
unterrichtet worden war. Und plötzlich
wußte sie: Wir werden dieses Haus nie
bauen, und ich werde meinen eigenen Gar-

ten nie bepflanzen. Es wird mir nur noch
eine begrenzte Lebensdauer geschenkt sein.

Ein Brief von Klara an unseren Vater, vermutlich ihr letzter, vom August 1974, ist
noch erhalten. Darin schreibt sie:

Papa, lieber Papa!

*...Es ist nun erst eine Woche her, seit ich weiß, daß
ich sterben muß ... Es war die rechte Zeit für Klar-
heit. Ich hab' es Albrecht abgespürt, so mußte er
nicht selbst den Entschluß fassen, es mir zu sagen.
Es wäre für ihn nicht länger so allein zu ertragen
gewesen. Nun gehören wir tief und innig zusammen. Bei allem Schweren ist es doch wunderschön.
Und wenn ich denke, welch gute Zeit wir vor ein
paar Wochen mit den Kindern hatten – und sie
wußten es alle ... Ich erlaube mir, wie eine altmodi-
sche Mutter, sehr stolz auf sie zu sein. Und auch
dankbar, daß nach mancherlei Krisen das Verhält-
nis zu ihrem Vater wieder so liebevoll geworden ist.
Er wird sie ja so nötig brauchen ...*
*...Vielleicht ist es für den, der zurückbleibt, schwie-
riger und die Frage nach dem Warum quälend. Ich
empfinde es als Geschenk, daß es für mich ganz*

einfach werden darf, obwohl ich oft traurig darüber
war, daß ich keinen festeren Glauben hatte. Ich
muß nicht »warum« fragen. Wäre das nicht un-
dankbar bei dem unendlich vielen Guten und
Schönen, das ich gehabt habe? Ich möchte mich nun
in Gottes Hände fallen lassen und in seiner Liebe
geborgen wissen. Um alles andere muß ich mich
nicht kümmern.
Albrecht, ach, daß er allein bleiben muß! Auch das
muß ich in Gottes Hände legen. Es fällt mir schwer.
Ich lebe jetzt ganz in der Gegenwart und freu' mich
an den schönen Tagen, in denen ich im Garten
liegen kann...

Sei ganz herzlich gegrüßt

von Deinem Klärle

Bei unser beider erstem Wiedersehen nach
dem Bewußtwerden des unausweichlichen
Krankheitsverlaufes konnten wir zuerst kein
Wort sprechen. Dann sagte Klara unvermit-
telt:
»Albrecht muß Hemden waschen lernen!
Und dann sollte er wieder heiraten!«
Es erschütterte mich. Ihre erste Sorge galt

nicht ihr selbst und ihrer Krankheit, sondern ihrem Mann. Die Kinder, das wußte sie, würden ihren Weg finden.

Sommer und Herbst des Jahres 1974 waren schwere Monate im Leben der engeren und weiteren Familie. Aber zu welch freier, selbstloser Größe ist ein Mensch fähig, wenn er sich in den letzten Fragen ganz ausgeliefert hat! Darum war es nicht nur eine bedrückende, sondern auch eine große, wesentliche Zeit für uns alle. Eine Zeit des Lebens – trotz der Todesnähe.
»Herr, es ist Zeit, der Sommer war sehr groß ...«
Wie sehnte sich Klara danach, das lange, überaus tapfere Warten bei zunehmender Schwäche gnädig abschließen zu dürfen!

Während all dieser harten Monate hatte Albrecht weiterhin seinen Dienst zu tun. Die Kinder mußten ihr Studium fortsetzen, sie wechselten sich mit der intensiver werdenden Pflege ab. Von der Heilbronner Diakoniestation kam regelmäßig Schwester Eva-Maria, und dankbar nahm Klara alle Fürsorge an. Täglich ließ sie sich ins Wohnzimmer betten, um der Familie nahe zu sein. Der Sauerstoffapparat war stets griffbereit. Ihre letzte Kraft schenkte sie Bekannten und Freunden, die alle kamen, um ihr zu zeigen, wie teuer sie ihnen war. Immer schmäler wurde ihr Gesicht, immer knapper der Atem.

Am ersten Advent sagte ich zu ihr:

»Wir wären alle so glücklich, wenn du an Weihnachten noch bei uns sein könntest.«

»Ach nein, das darfst du mir nicht wünschen«, seufzte sie, »es wäre zu hart...«

Wie lange können Stunden, Tage, Wochen sein! Daß die Sache mit Gott keine Angelegenheit glatter Formeln ist, das hatte ihr zeitlebens vor Augen gestanden. Aber jetzt sagte sie:

»Zuletzt wird alles ganz einfach. Man ist sein Kind, das sich fallen lassen darf. Ich habe nur zu danken.«

Albrecht hatte sowohl am Heiligabend als auch am Christfest große Gottesdienste in St. Kilian zu bewältigen, während sich über das Haus in der Alexanderstraße die Todesschatten senkten.

Alle Kinder waren zu Hause, als Klara in der Frühe des zweiten Weihnachtsfeiertages für immer die Augen schloß. Ihre letzte Bitte, das letzte verstehbare Wort war eine Strophe aus dem Abendlied von Matthias Claudius:

> *Wollst endlich sonder Grämen*
> *aus dieser Welt uns nehmen*
> *durch einen sanften Tod.*
> *Und wenn du uns genommen,*
> *laß uns in Himmel kommen,*
> *du unser Herr und unser Gott.*

Für den Trauergottesdienst hatte sie sich den Schluß aus dem 23. Psalm gewünscht:
Ich habe Wohnung im Hause des Herrn
jetzt und in Ewigkeit.

Einige Jahrzehnte zuvor war Albrecht genau so jung wie jetzt seine Kinder am Grab seiner Mutter gestanden.
Wenn eine Mutter stirbt, verlöschen alle Kerzen ...

Über dem kleinen Friedhofshügel lag ein Hauch von Schnee, als das neue Jahr eingeläutet wurde. Dabei wußten wir noch gar nicht, wie wir ohne die Heimgegangene leben sollten. Es war uns allen unbegreiflich, daß sie nicht mehr unter uns weilte.

»Wollet nicht um mich weinen«, hatte Klara einmal gesagt. »Mir geht es dann gut.«

Aber wer um nichts weint, der hat auch nichts lieb. Und so weinten wir.

War das nun das Letzte? Der Blick auf den Sarg unten in der Tiefe des frisch ausgehobenen Grabes? Man steht da, ein paar Blumen in der Hand, hilflos, betäubt. Ach wär's doch ein böser Traum, aus ihm könnte man wie erlöst aufwachen.

Zu Hause hängt der Mantel am gewohnten Platz, der Sessel steht da wie immer. Wie nur ist's möglich, daß diese Dinge, ihre Sachen, unverändert da sind – und sie, nur sie soll fort sein für immer?

Wird es einmal das Letzte sein – bei uns selber? Ob früher oder später, es wird so kommen. Wo wir jetzt wohnen, werden andere wohnen, was wir jetzt haben, werden andere haben. Und wir – wo werden wir sein?

Muß man so fragen? Viele tun es nicht. Ahnen sie, wie sie sich selber betrügen?

Die Trauer, gerade sie kann -so unwahrscheinlich es klingt - vor solcher Selbsttäuschung bewahren. Wer in bitteres Leid gekommen ist, der weiß, was es bedeutet, einen Menschen zu haben, der einem so nah ist, daß man an seiner Schulter sich ausweinen kann. Und eben das ist ja auch von Gott gesagt: »Und Gott wird abwischen alle Tränen von ihren Augen« (Offenbarung 7,17).

Was wird das Letzte sein? Albrecht Goes hat es so ausgedrückt:
»Aber am Ende, am Ende, Herze, wes wirst du sein? Ewige, ewige Hände, euer allein.«

Neue Lebensstufen

1975 – 1983

*Das Rätselvolle, für das es keine Auflösung gibt,
will uns doch wohl bewußt machen, und das mit
großer Eindringlichkeit, wie entsetzlich es wäre,
wenn es nur dieses Leben gäbe und nichts weiter.*

Albrecht Hege

»Es muß ausgehalten sein!« Bei der alljährli-
chen Ansprache des Prälaten anläßlich des
Neujahrstreffens aller Heilbronner Pfarrer
sagte Albrecht, wenige Tage nach Klaras Beerdigung:

*Gerade in unserem Amt, die wir viel an Kranken-
betten und Gräbern stehen, muß man es erfahren,
daß das Leid nicht nur für die anderen, sondern
auch für uns selbst da ist. Ärzte, Pfarrer oder Kran-
kenschwestern meinen vielleicht, es ließe sich ab-*

wenden. Aber man kann sich nicht davor schützen.
Und Leiden tut weh! – Doch nun auch das andere:
Gottes Wort trägt! Bei Gott ist das Letzte nicht das
Leid. Bei Gott sind wir daheim.

Ja, es mußte ausgehalten sein: Nach anstrengenden Sitzungen spät abends heimkommen
und niemanden haben, der einem die Tür
öffnet. Ein totenstilles Haus vorfinden, nach
Läden und Fenstern sehen und schließlich
noch nach etwas Eßbarem suchen. Albrecht
mußte seine Hemden selber waschen und
das Nötigste der Haushaltführung erledigen.
Eugenie, die liebenswerte Sekretärin, gab
sich zwar alle Mühe, aber sie hatte auch eine
eigene Familie zu versorgen. Die Kinder
konnten nur am Wochenende kommen. Das
Haus war eine Bleibe, aber kein »Daheim«
mehr. Die Erinnerung an Klara lebte in allen
Räumen und verdoppelte das Heimweh.

Mit wachsender Verwunderung entdeckte
Albrecht, welche Mühe und Sorgfalt allein
um das Lebensnotwendige herum erforderlich war. Wie kann es bloß geschehen, daß
diese meist von Frauen geleistete Arbeit viel

zu gering eingeschätzt wird! Auch er als
Mann hatte dieses Tun kaum bewußt wahr-
genommen. Jetzt erst erkannte er, was alles
seine Frau geleistet hatte, lautlos, freundlich,
souverän. Wie gerne hätte er ihr nachträglich noch herzlicher dafür gedankt, aber das
war nun nicht mehr möglich.

Auf die Dauer, so überlegten wir uns alle,
war diese belastende Situation weder äußerlich noch innerlich zu bestehen.
»Albrecht sollte wieder heiraten!« hatte
Klara gesagt. Wenn das so einfach wäre!
Nicht nur sein öffentliches Amt war hierbei
eine Barriere, unbewußt wollten wir den
leeren Platz der Vorangegangenen als Lücke
erhalten. Nicht zuletzt erschwerte Albrechts
Älterwerden den Entschluß. Und wird man
bei allzu langem Zögern den Schritt auf
einen anderen Menschen zu überhaupt noch
wagen, wenn man das Alleinsein erst ge-
wöhnt ist?

Die Diakonieschwester Eva-Maria Reitz
brauchte gewiß ein mutiges und liebendes
Herz, als sie Albrechts Bitte, ihm als seine

Frau zur Seite zu stehen, mit »Ja« beantwor-
tete. Sie war mit Klara befreundet gewesen
und hatte sie während ihres Sterbens begleitet.

Im Sommer 1976 fand in einer kleinen Un-
terländer Kirche die schlichte Trauung statt;
auch sie war, wenngleich ganz anders als die
Kriegshochzeit vor vierunddreißig Jahren,
von leisen Schatten begleitet. Wir waren
Eva-Maria dankbar, daß wir bei aller Ge-
trostheit herzlich an Klara denken durften.

Trotz der gebotenen Zurückhaltung bei
Menschen, die noch mitten im Leben stehen, sei doch gesagt, daß das Paar mittler-
weile dankbar seinen zwanzigsten Hochzeitstag hinter sich hat. Eva-Maria blieb
weiterhin in ihrem geliebten Schwesternbe-
ruf und in der Leitung der Heilbronner Diakoniestation tätig, wobei die Doppelbela-
stung im Blick auf ihre Gesundheit nicht
spurlos an ihr vorübergegangen ist.

Im Älterwerden scheint die Zeit schneller zu
laufen. So neigten sich Albrechts letzte

Amtsjahre rasch ihrem Ende zu. Die Aufgaben wurden allerdings nicht geringer. 1977 wurde er um die Mitgliedschaft im Exekutivkommitee des Lutherischen Weltbundes gebeten. Die Tagungen führten weit über Deutschland und seine Problemstellungen hinaus, etwa in Genf, in Brasilien, in Finnland und in Kanada. Schon die erste Vollversammlung in Daressalam (Tansania) war beeindruckend. Hier, in Afrika, begegnete er hautnah den Nöten der Dritten Welt in einem ihm bisher unbekannten Ausmaß, etwa im Blick auf Hunger, Krankheit, Arbeitslosigkeit, Armut, Wassernot und fehlende Schulbildung. Er erlebte dabei aber auch die bescheidenen Christen der Dritten Welt, die der Wahrheit des Evangeliums oft näher sind als wir vernünftigen und gebildeten Europäer.

Nachdem Albrecht die Pensionsgrenze erreicht hatte, ergab sich beim personellen Ineinandergreifen der Kirchenleitung ein Engpaß, so daß er seinen Dienst noch eine Zeitlang weiterführen mußte. Dies war insofern nicht immer leicht, als gerade in jenen Jahren die kirchliche Entfremdung einsetzte. Gleichzeitig wuchs eine neue Pfarrergeneration heran, die andere Zielrichtungen für ihren Dienst brauchte und suchte. Die schlechter werdende wirtschaftliche Lage traf auch die Kirchen; manche unpopulären Sparmaßnahmen wurden erforderlich. In der Synode zeichneten sich die Gegensätze zwischen den einzelnen Gruppen stärker ab. Und was können »Christen« einander manchmal mit ihrer Rechtgläubigkeit oder Fortschrittshörigkeit gegenseitig antun!

Aber eines Tages war es dann doch geschafft: Im siebenundsechzigsten Lebensjahr durfte Albrecht einen Großteil seiner Arbeit in jüngere Hände legen. Nicht alle Verpflichtungen konnte er leicht abgeben: den Vorsitz in der Paulinenpflege behielt er ebenso wie die Mitgliedschaft im Calwer Verlagsverein und im Lutherischen Weltbund.
Besonders aber das Diakoniewerk in Schwäbisch Hall bedurfte seiner weiteren Mitarbeit; der Vorsitz einer so großen Einrichtung war in jenen Jahren sehr anstrengend.

Die Abschiedspredigt in St. Kilian im Juli 1983 fand eine bewegte Zuhörerschaft. Es war ein Trost für viele, daß Albrecht auch im Ruhestand die ihm vertraute Stadt Heilbronn als seine Heimat behielt. Nicht weit vom Heilbronner Friedhof mit Klaras Grab wartete das Ruhestandshaus auf den Einzug.

Einige Gedanken im Zusammenhang mit Pensionierung und Umzug faßte er in folgende Sätze:

Wie war es, als der Ruhestand für mich begann?
Erster Gedanke: die Bücher. Ein Amtszimmer wird es in meiner Ruhestandwohnung nicht geben und eine so lange Stellwand auch nicht. Ich muß aussortieren. Nach dem ersten Durchgang: immer noch zu viele Bücher. Oder bilde ich mir ein, ich könne in den verbleibenden Ruhestandsjahren diese Bücher wirklich alle lesen? Darum strengstes Ausleseprinzip: was war und ist wichtig – was gilt vielleicht noch heute?
Nächste Entscheidung: Wie ist es mit den eigenen »Produkten?« Es sind Stöße geworden in all den Jahren. Was würde ich heute nicht mehr so sagen können? Was hat seinen Wert behalten?

Auf der Straße werde ich gefragt: »Sie gehen nächstens in den Ruhestand? So richtig ruhestandsreif sehen Sie aber gar nicht aus!«
Von außen, ja. Aber wie ist es innen?
Meine Innenwelt – was da wohl anders wird? In meinen aktiven Jahren war der Terminkalender ein gewichtiger Herr. Ohne Terminkalender wird es auch im Ruhestand nicht gehen, aber die Zeiten, die nicht vorgetragen sind, werden zunehmen. Allerdings, was bisher die Sekretärin übernommen hat: »bitte schreiben Sie...«, das muß ich nun selber tun.

Pfarrer und Christ darf ich bleiben. Der Schaden wäre unabsehbar, wenn wir Christen in dem, was wir zu sagen haben, sprachlos würden. Wir hätten dann unserer säkularen Mitwelt nichts anderes mehr zu sagen, als was sie auch so schon weiß und hört, und das ist überwiegend Unheil und Unfrieden. Kinder des Friedens, als solche werden wir im Evangelium beschrieben. Das ist so beglückend, daß wir nicht nur traurig darüber sein können, daß so viele das heute nicht mehr wissen wollen. Größer als unsere Traurigkeit ist unsere Dankbarkeit dafür, daß wir auch im Alter Kinder bleiben. Kinder unserer Eltern ein Leben lang, Kinder Gottes für immer.

Erntezeit

1983 – 1997

Es ist ein immer neuer Schmerz, daß es so viele Kirchen gibt und daß diese verschiedenen Kirchen es so wenig miteinander können. Muß das sein? Pastor Dr. Farid Andah (im Libanon) hat einen Vortrag einmal so geschlossen:

»Die Kirche, nach der ich mich sehne, wird ihr eigen nennen:
Die Stetigkeit, die Treue zur Bibel, die Betonung der Souveränität Gottes, wie sie in der reformierten Kirche zu finden ist,
die Betonung der Rechtfertigung im Glauben und die sorgfältige Unterweisung der Lutherischen Kirche,
den Sinn für Geschichte, die Solidarität mit den vergangenen Jahrhunderten und der gute Geschmack der anglikanischen Kirche,
den leidenschaftlichen Eifer, die Warmherzigkeit der methodistischen Kirche,
die demokratische Einstellung und den Mut zum

Abenteuer in der kongregionalistischen Kirche,
die Einfalt und Freiheitsliebe in der baptistischen
Kirche,
den Heldenmut und die Beständigkeit der orthodo-
xen Kirche,
die wirksame Organisation und den Geist des Ge-
horsams in der katholischen Kirche,
die Liebe zu den Unglücklichen bei der Heilsarmee,
die missionarische Leidenschaft der Brüdergemeine,
die Stille des Geistes und die Gottesunmittelbarkeit
der Quäker.«

Aber je entschiedener wir uns alle an Jesus Christus
als unserem Ziel orientieren, je entschiedener wir
uns von seiner Wahrheit und Liebe bestimmen
lassen, um so mehr kommen wir einander nah von
Kirche zu Kirche und auch in unserer eigenen Gemeinde.

Albrecht Hege

Für manche Menschen könnte man das Wort »Ruhestand« auch anders übersetzen: liebenswerter, neuer Arbeitsstand. Endlich darf man viele mühsamen Pflichten samt dem Prälatentitel ablegen, braucht nicht mehr über jede Modeströmung informiert sein und darf nach der Erledigung notwendiger Alltagssorgen einmal das tun, wonach man sich ein Leben lang sehnte.

Vor allem die gründliche Beschäftigung mit dem Buch der Bücher lockte Albrecht. Das Bergwerk der Bibel immer wieder nach neuen Goldadern abzuklopfen, war seine besondere Freude und wohl auch seine besondere Gabe.

Der englische Schriftsteller Charles Dickens sagt: *Es ist das beste in der Welt bekannte Buch, das es je gegeben hat und das es je geben wird.*

Natürlich liegen auch hier, wie überall, die Goldadern verschieden hoch zutage, bald offen, bald verborgen. Aber bei eifrigem Suchen kam für Albrecht und seine Zuhörer doch viel Wunderbares heraus! Ganz besonders gut hat er die Gestalt des geistesmächtigen Paulus erfaßt und dessen Briefe beeindruckend lebendig gemacht. Inzwischen ist ein wertvoller Stoß von sauber gehefteten Bibelarbeiten entstanden. Sie wurden auf Ferientagungen, Wochenendfreizeiten oder an Gesprächsnachmittagen dargeboten und fanden viele wache Leser und Hörer.

Auch wenn die Christen, von außen gesehen, inzwischen zu einer Randgruppe geworden sind, so scheint das wohl nur so.

Ihr seid das Salz der Erde. Daß ein paar Körnchen Salz bereits Wunder wirken können, erleben wir immer wieder neu. Erinnern wir uns nur an die Friedenslichter, die 1989 eine qualvolle Mauer zusammenbrechen ließen. Und Heinz Zahrnt sagt:

Ob die Menschen genug Brot zum Essen haben, wird davon abhängen, ob genug Menschen für sich erkennen, daß der Mensch nicht allein vom Brot lebt.

Ein besonders schöner Ort für die Ferientage mit biblischem Nachdenken ist in Adelboden im Berner Oberland (Schweiz). Während mehrerer Jahre hielt Albrecht dort »Freizeiten mit der Bibel«. Die mächtigen Berge blickten durchs Fenster; sie paßten gut zu den unvergänglichen Worten.

Auch die Hohebucher Altschüler baten immer wieder um geistliche Nachhilfe. Eva-Maria gewann ihren Mann für Freizeiten in der Herrenberger Schwesternschaft.

Eine fröhliche, aber nirgends oberflächliche Ferienzeit zusammen mit Albrecht Hege findet alljährlich in dem alten Chorherren-stift in Bad Urach statt, das von der Evange-lischen Landeskirche unter Bischof Helmut Class und Pfarrer Werner Knoch zu einem geschmackvollen und atmosphärisch wohl-tuenden Einkehrhaus umgestaltet worden ist. Die klar gegliederte, geschlossene Anlage mit einem Rasenplatz und einer sehr alten Linde in der Mitte ist kein Kloster, sondern ein Haus für »die Brüder vom gemeinsamen Leben« und atmet auf solch geschichtlichem Boden spürbar eine ökumenische Weite aus.

»Ist das hier ein katholisches oder ein evan-gelisches Haus?« wurde Albrecht einmal bei seiner Ankunft dort gefragt. Es war eine gute Frage, der Gast hatte gespürt, daß an diesem Ort die konfessionelle Enge über-wunden ist...

An den Vormittagen erarbeitet Albrecht gemeinsam mit den Teilnehmern biblische Abschnitte, (etwa die Psalmen, die Briefe des Apostels Paulus, die Gleichnisse Jesu, usw.). In den Gesprächen gehen die Wogen oft hoch. Nachmittags sind gemeinsame Wanderungen durch die reizvolle alte Stadt Urach und ihre Umgebung oder auch Badekuren möglich, und abends darf man Lichtbilder, Vorträge, Lesungen oder Musik genießen. Der Tagesablauf wird von drei kurzen Gebetszeiten begleitet.

»Hier plagen mich keine Gotteszweifel mehr! Hier bin ich ein ganzer Mensch!« sagte ein Feriengast zu mir. Da die Teilnehmer jedes Jahr mit Begeisterung wiederkommen, sind sie allemal auch wieder ein Jahr älter. Aber man kann nur staunen, wie jung sie dabei geblieben sind. Kaum irgendwo erlebt man so viel erquickende Fröhlichkeit wie an den selbstgestalteten bunten Abenden. Freude und Sammlung sind dabei keine Gegensätze.

Im Vergleich zu den überfüllten Kirchen seiner Schaffensjahre sind die Dienste, die Albrecht inzwischen leistet, eher bescheiden. Er aber sagt selbst einmal:

Gott tut sein Werk mit der kleinen Zahl. Wo Mehrheit zu entscheiden hat, da entsteht leicht die Meinung, daß Mehrheit der Erweis für Wahrheit sei. Gott aber tut sein Werk durch Minderheiten.

All seinen sorgfältigen Arbeiten mit dem Wort Gottes spürt man das liebevolle Bemühen ab, dem modernen Menschen das Befreiende des Evangeliums nahe zu bringen. Leicht ist das heutzutage wahrhaftig nicht.

Sind die Bilder der Bibel blaß geworden? fragt Albrecht sich selbst einmal. *Liegt es an der Art der kirchlichen Verkündigung, die den heutigen Menschen in seinem inneren Suchen nicht mehr recht erreicht? Denn daß er sucht, ist sicher. Aber der Geist ist frei, er zwingt niemanden.*

Die führende Zeitung des Unterlandes, die »Heilbronner Stimme« konnte den einstigen Prälaten im Wechsel mit katholischen Autoren für regelmäßige Beiträge gewinnen.

Unter der Rubrik »das geistliche Wort« bringt sie an jedem Wochenende einen gegenwartsnahen, sorgfältig bedachten Text. Diese seit über zehn Jahren erscheinenden Artikel haben inzwischen eine große Leserschaft gefunden. Als Beispiel sei eines dieser »geistlichen Worte« (September 1995) angeführt:

Hat Sie heute schon jemand gelobt? Ich stelle mir vor, ich würde Ihnen diese Frage im Auf und Ab einer belebten Fußgängerzone stellen. »Mich loben? Das fällt keinem ein!« Ein älterer Herr könnte es sein, der mich unwirsch abfertigt. Und ganz anders: »O ja, heute morgen hat mir unsere Tanja zwischen Tür und Treppe einen Kuß gegeben: ›Mum, du bist die Beste!‹«

So verschieden die Antworten, so verschieden wären die Gesichter. Der ältere Herr hätte um den Mund einen grämlichen Zug, die Augen von Tanjas Mutter wären hell und froh.

Lob hat verwandelnde Kraft. Ist doch Lob ein ebenso notwendiger Lebensstoff wie die unverzichtbaren Vitamine. Wir benennen sie mit Buchstaben A,B,C usw. Merkwürdigerweise erscheint uns daneben das Vitamin L wie Lob als lange nicht so wichtig. Dabei ist dieser Lebensstoff doppelt wirksam: einmal, wenn ich gelobt werde, zum anderen, wenn ich es war, der ein Lob ausgesprochen hat. Darum meine zweite Frage: »Haben Sie heute schon jemand gelobt? Sie haben nicht? Sie tun es auch sonst nicht? Dann können Ihnen die Mangelerscheinungen nicht unbekannt sein, sie fallen Ihnen freilich bei anderen eher auf als bei sich selbst: Daß einer die meiste Zeit von sich selber redet, daß er sich in den Mittelpunkt stellen muß. Was bleibt ihm anderes übrig? Wenn er sich selbst nicht lobt, dann lobt ihn keiner.«

Eine dritte Frage: »Haben Sie heute schon Gott gelobt?« Sie blicken verständnislos? Gott loben in einer Welt, in der es so zugeht? Wissen Sie, was ich Ihnen wünsche? Ich wünsche Ihnen die Begegnung mit einer Frau, die im Ersten Weltkrieg ihren Mann und im zweiten Weltkrieg ihren Sohn verloren hat. Trotzdem weiß sie für ihren hohen Geburtstag kein wichtigeres Lied als den Choral: »Lobe den Herren ...« Das rührt uns an wie Heimweh nach einem verlorenen Land. Gott loben – mit einem Lied, mit einem der Psalmen – wäre es nicht ein Jammer, wenn Ihnen das Ihr Leben lang verschlossen bliebe?

Zugleich mit der Vollendung Deines 80. Lebensjahres, lieber Albrecht, zieht sich nun das alt gewordene 20. Jahrhundert leise in die Vergangenheit zurück. Wie einschneidend wurde Deine eigene irdische Lebensstunde von ihm geprägt! Da waren ungeahnte Forschungen und Erfindungen, waren zwei entsetzliche Weltkriege, waren Hunger und Elend, Gewalt und Verbrechen auf der ganzen Welt bis zum heutigen Tag. Ja, trotz allen Fortschritts sind wir im Blick auf unsere Enkel nicht mehr ganz so naiv fortschrittsgläubig wie einst unsere Eltern am Beginn des Jahrhunderts. Wir wissen längst, daß alles auf dieser Welt seinen Preis hat und daß unser Wesen und Wirken stets ein doppeltes Antlitz trägt.

Wenn wir an Sonntagen in unserer alten Heimat Hohebuch einkehren, grüßt uns das Haus unserer Kindheit unverändert wie damals. Die Bäume stehen noch an ihrem gewohnten Platz. Unsere Enkel springen genau so unbeschwert über Sträucher und Stoppeln wie wir früher. Der Fliederduft weht vom Hausgärtchen herüber »wie einst im Mai«. Aber wir gehen nun langsameren Schrittes, und dazwischen setzen wir uns auf die Gartenbank, um ein wenig auszuruhen. Denn ganz leis und manchmal fast unmerklich ist für unser persönliches Leben eine neue Stufe zu erklimmen: Die Stufe des Alters.

Es besteht Ähnlichkeit zwischen dem Älterwerden und einem Jahr, das seinen Höhepunkt überschritten hat. Die Tage werden kürzer, und die Schatten länger. Doch vorbei ist das Jahr keineswegs. Im Gegenteil, jetzt kommt die Krönung, die Zeit der Reife. Vorbei ist das frühlingsjunge Grün, vorbei ist das Blühen ringsum. Doch nun bildet sich Frucht, und Frucht ist Gewinn. Gewinn, der aus Verlust wächst.

Ist es so nicht auch im Leben? Wer das Verlieren scheut, wird am Ende leer ausgehen. Ein Wort aus Jesu Mund sagt, daß nur, wer sich verlieren könne, der Gewinnende sein werde, und das weit über seine alten Tage hinaus. Matthäus 16,25 steht es: »Wer sein Leben erhalten will, der wird es verlieren. Wer aber sein Leben verliert um meinetwillen, der wird es finden.«

Du weißt es wohl selbst nicht mehr, lieber Bruder, daß Du als junger Mann einmal ein paar Worte über das Alter geschrieben hast, die mir unvergeßlich geblieben sind, obwohl auch ich damals noch jung war:

Wir Jungen haben den alten Menschen mehr zu danken, als wir wissen. Wir leben in einem Land, das sie wieder aufgebaut haben, wir erholen uns in Wäldern, die sie gepflanzt haben. Radio, Fernsehen, Autos haben sie erfunden. Ob je einmal eine Kette der Geschlechter der vorausgegangenen Generation so viel zu verdanken gehabt hat?

»Gelt, Großvater«, sagten die Enkel, als der Großvater sich mühsam nach einer heruntergefallenen Tablette bücken wollte, »gelt, Großvater, klein werden ist schwerer als groß werden?« Ja, das ist's. Mit zunehmenden Lebensjahren werden die Aufgaben schwerer, gewichtiger, größer. Auch wenn es nach außen hin gerade andersherum erscheint.
Die Hauptaufgabe wäre wohl, das Altwerden anzunehmen. Eine nächste Aufgabe: den Gefährdungen des Alters widerstehen. Wie leicht wird ein gesunder, kritischer Blick in höheren Jahren zum Nörgeln, ein zielklarer Wille zum Eigensinn,

Lebenserfahrung dazu, alles besser zu wissen, Ordnungsliebe zur Pedanterie, Nachlässigkeit zur Schmuddligkeit. Der Sparsame wird geizig, der Großzügige verschwenderisch, der Empfindsame wehleidig.

So muß es aber nicht kommen. Es gibt die Möglichkeit, im Alter gelassener zu sein. Manche Ängste liegen hinter einem. Es gibt die Möglichkeit, sich an kleinen Dingen zu freuen.

Altwerden ist eines. Altwerden können ein anderes. Deshalb ist Altern nicht gleichzusetzen mit Abnehmen. Im körperlichen Bereich mag es wohl zunehmend gelten. Im geistigen Bereich gilt es nicht. Welches Geschenk der Glaube ist, wird wohl der alte Mensch erst so richtig erfassen können.

Kinder stellen die Frage: Was ist Gnade? Alte Menschen lernen fragen: Was ist nicht Gnade? Wem das klar geworden ist, der weiß auch: Wir müssen uns nicht gleichsam aus dem Leben hinausleben, sondern wir dürfen uns in die Ewigkeit hineinleben.

Ach ja, das Alter annehmen ... Und dennoch bereit sein für Verständnis und Güte bei der jungen Generation. Bald hebt ein neues

Jahrtausend an, das uns (falls wir es noch erleben) in manchem fremd zu werden beginnt. Vertrauen wagen – darum kommen wir nicht herum. Aber hat sich nicht immer wieder das unter uns ausgespannte Netz als tragfähig erwiesen, wenn wir unser vertraut gewordenes Trapez loslassen mußten, um das neue zu ergreifen? Es ist schon so, wie Klara am Ende ihres Lebens sagte:

Wir haben nur zu danken. Und unsere Enkel heißen uns hoffen.

So behüt Dich Gott in Deiner kommenden Lebensstufe, lieber Albrecht. Wir möchten sie IHM getrost überlassen. Und wir können Dir auch nichts Wichtigeres wünschen, als daß Dir diese Zuversicht immer erhalten bleibe. Was nun noch zu sagen ist, sagst Du selbst am allerbesten:

Leichter wird das Leben gewiß nicht, wenn beides zusammenkommt: das bewußte Erleiden des Abnehmens und die Sehnsucht nach droben. Leichter wird es nicht – aber unser Leben gewinnt dadurch an Tiefe und Kraft.

Wie es im Letzten sein wird – daran erinnert uns das Gleichnis von den klugen und törichten Jungfrauen –, wie es im Letzten sein wird, das entscheidet sich nicht irgendwann später, es entscheidet sich jetzt. Alle Spannung liegt in diesem »Jetzt«. Jetzt ist es Zeit. Noch ist es nicht so weit, und doch ist der entscheidende Augenblick schon da. Herr, gib mir, daß ich deine große Ewigkeit einlasse in meine kleine Zeit!

Inhalt

Weitere Bücher von Charlotte Hofmann-Hege:

Tausend Sterne hat die Nacht

Ein außergewöhnliches Leben
256 Seiten, gebunden

»Ein erfülltes Leben trotz
unerfüllter Hoffnungen,
anrührend und mitreißend
geschildert.«

Alle Tage ist kein Sonntag

Das Geheimnis um Rudolf
Schock und die Schloßmagd
176 Seiten, Fotos, geb., 4. Aufl.

Lina Brandt, als Bauerntochter
in Lettland geboren und aufgewachsen, hatte kein leichtes
Leben. Nach der Vertreibung
aus der Heimat lebte sie als
Stallmagd und verbrachte
unauffällig ihre Tage – bis sie
sich in Rudolf Schock und
seine Musik verliebte.

Alles kann ein Herz ertragen

Die weite Lebensreise der
Elisabeth Thiessen
192 Seiten, gebunden, 9. Auflage

Die erschütternde Lebensge-
schichte ihrer Cousine Elisabeth
Thiessen, die als junges
Mädchen für ein Jahr mit
Verwandten nach Rußland ging.
Aus diesem Jahr wurden durch
die zwei Weltkriege und die
Stalinzeit Jahrzehnte. Das beein-
druckende und erschütternde
Schicksal einer Frau, deren
Leben durch die weltpolitischen
Ereignisse tragisch geprägt wurde.

Eine goldene Spur

Erinnerungen an Hans Hege
216 Seiten, gebunden, 6. Auflage

Ein beeindruckendes Leben
und ein Pionier in der Landwirtschaft.

EUGEN SALZER-VERLAG · 74020 HEILBRONN